HILDEGARD MÖLLER

VEGAN

Mit der kostenlosen »GU-Einfach-Kochen«-App zum Buch hast Du Deine Lieblingsrezepte immer dabei!

Und so einfach geht's:
Lade die kostenlose »GU-Einfach-Kochen«-App im Apple App Store oder im Google Play Store auf Dein Smartphone. Starte die App und wähle Dein Buch aus. Scanne das gewünschte Rezeptbild mit der Kamera Deines Smartphones. Klicke im Display auf die Funktionen Deiner Wahl: Sammele Deine Lieblingsrezepte und teile sie mit Deinen Freunden, speichere und verschicke Deine Einkaufslisten per E-Mail oder finde ganz einfach den nächsten Supermarkt in Deiner Nähe.

EXTRAS UND SERVICE

18 SALATE UND SNACKS

52 SUPPEN UND EINTÖPFE

DIE GU-QUALITÄTS-GARANTIE

Wir möchten Ihnen mit den Informationen und Anregungen in diesem Buch das Leben erleichtern und Sie inspirieren, Neues auszuprobieren. Bei jedem unserer Bücher achten wir auf Aktualität und stellen höchste Ansprüche an Inhalt, Optik und Ausstattung. Alle Rezepte und Informationen werden von unseren Autoren gewissenhaft erstellt und von unseren Redakteuren sorgfältig ausgewählt und mehrfach geprüft. Deshalb bieten wir Ihnen eine 100 %ige Qualitätsgarantie.

Darauf können Sie sich verlassen:
Wir legen Wert darauf, dass unsere Kochbücher zuverlässig und inspirierend zugleich sind. Wir garantieren:
• dreifach getestete Rezepte
• sicheres Gelingen durch Schritt-für-Schritt-Anleitungen und viele nützliche Tipps
• eine authentische Rezept-Fotografie

Wir möchten für Sie immer besser werden:
Sollten wir mit diesem Buch Ihre Erwartungen nicht erfüllen, lassen Sie es uns bitte wissen! Nehmen Sie einfach Kontakt zu unserem Leserservice auf. Sie erhalten von uns kostenlos einen Ratgeber zum gleichen oder ähnlichen Thema. Die Kontaktdaten unseres Leserservice finden Sie am Ende dieses Buches.

GRÄFE UND UNZER VERLAG
Der erste Ratgeberverlag – seit 1722.

Vega-gut kochen:
Diese Profis helfen Dir!

1 Der Kochtopf

Ein Topf für alle Fälle! Unkompliziert, vielseitig und mit passendem Deckel. Seine Maße: ca. 20 cm Ø und ca. 3 l Fassungsvermögen – für Suppen und Eintöpfe genau der Richtige! Denn darin kannst Du alles locker umrühren, ohne dass der Inhalt gleich überschwappt oder überkocht. Besonders gut leitet ein Topf aus Edelstahl mit doppeltem Sandwichboden die Wärme.

2 Der Stieltopf

Everbody's darling! Der Stieltopf ist das praktischste Kochbehältnis, das man in seiner Küche haben kann. Darin kannst Du kochen, braten und dünsten. Ob für kleine Gerichte, Beilagen, Saucen, Milch oder Pudding: Das Allroundtalent, das auch Stielkasserolle genannt wird, ist allen Herausforderungen am Herd gewachsen. Sehr empfehlenswert ist ein Topf aus Edelstahl mit wärmeleitendem Sandwichboden und gut aufliegendem Deckel.

3 Die große Pfanne

Für Getreide- und Tofubratlinge oder
Gemüserösti sind Pfannen mit einer
Antihaft-Beschichtung ideal. Durch die
besondere Versiegelung überstehen auch
Pfannkuchen und Paniertes das Backen
und Braten darin »unfallfrei«. Kunststoff-
beschichtete Pfannen darfst Du allerdings
nicht zu hoch erhitzen, da dabei die Be-
schichtung zerstört werden kann. Tipp:
Zum Wenden, Rühren und Co. einen
Pfannenwender aus hitzebeständigem
Kunststoff nehmen, damit der empfind-
liche Pfannenboden nicht zerkratzt.

4 Die kleine Pfanne

Für das Rösten von Nüssen, Kernen,
Sesamsamen oder trockenen Gewürzen wie
Pfefferkörnern brauchst Du keine große
Pfanne. In einer Mini-Pfanne (ca. 15 cm Ø)
aus Aluminium und mit Keramikbeschich-
tung kannst Du außerdem auf die Schnelle
kleine Pancakes oder Crêpes zaubern. Zum
Schmoren und Dünsten geringer Mengen
Gemüse ist sie ebenfalls bestens geeignet.

5 Die ofenfeste Form

Vom Ofen auf den Tisch: Ob die Lasagne
von Seite 92 oder knusprige Süßkartoffel-Pommes – mit einer hitzebeständigen
Auflaufform bringst Du »yummy« Ofenge-
richte auf den Tisch. Eine gute Ofenform
soll sein: robust, spülmaschinenfest und
gefrierschranktauglich. Ach ja, zum Warm-
halten und Servieren ist so eine Form
übrigens auch noch gut.

Best Friends
in Deiner Kochwerkstatt

1 Pürierstab

Ob Kräuter, Zwiebeln oder Nüsse: Der Alleskönner zerkleinert alles superschnell in Profi-Qualität. Auch für die Zubereitung von Pesto, cremigen Saucen und feinen Desserts ist der unverzichtbare Küchenhelfer ideal. Von einigen Herstellern wird er sogar mit verschiedenen Messern angeboten. Der Pürierstab sollte mindestens eine Leistung von 400 Watt haben, damit Du mit ihm problemlos arbeiten kannst.

2 Mörser

Ein Küchenhelfer mit Tradition! Schon in vorgeschichtlichen Zeiten wurde er zum Zerkleinern von Pflanzenteilen und Getreide genutzt. Heute verwendet man vor allem Mörser aus Porzellan, die in Kombination mit einem Stößel ebenso effiziente Ergebnisse erzielen wie ihre massiven Kollegen aus Granit, Marmor oder Metall. Ob fein oder grob: Beim Zerreiben, Zerstoßen und Zermahlen von kleinen Mengen an Kräutern, Gewürzen, Nüssen oder Kernen kannst Du den Mahlgrad selbst bestimmen. Die einfache Regel: Je mehr Kraft und Zeit Du aufbringst, desto feiner wird das Mahlgut.

3 Reiben

Mit den praktischen Haushaltshelfern aus rostfreiem Edelstahl kannst Du eine Reihe von Küchenarbeiten in Sekundenschnelle erledigen. Für Kartoffeln, Möhren oder Gurken ist eine Vierkantreibe ideal. Auf den verschiedenen Reibeflächen gelingen zarte und grobe Scheiben, Stifte und Raspeln ganz einfach perfekt. Mit kleinen feinen Reiben kannst Du die Schale von Orangen, Zitronen und Limetten abreiben. Sie sind auch ideal für frischen Ingwer.

4 Messer

Keine Frage: Wenn sich Zutaten wie Butter schneiden lassen, macht das Kochen erst richtig Spaß! Für den Anfang müssen es keine teuren Profimesser sein, aber Dein Schneidwerkzeug sollte auf jeden Fall gut in der Hand liegen und lange scharf bleiben bzw. sich gut nachschleifen lassen. Mit diesen beiden schneidest Du richtig gut ab: einem großen Messer zum Schneiden, Wiegen und Hacken und einem kleinen zum Gemüseputzen.

5 Schneebesen

Der nützlichste Schaumschläger der Welt! Denn vom Cremigmachen von Desserts übers Aufschlagen von Saucen bis hin zum klümpchenfreien Rühren von Mehlschwitzen kann der Rührblitz wirklich alles. Im Handel werden ganz unterschiedliche Modelle und Größen angeboten: aus Edelstahl, Cromargan, Silikon oder Kunststoff. Bei beschichteten Töpfen und Pfannen solltest Du ein Kunststoff-Exemplar verwenden, um Kratzer zu vermeiden.

Die fantastischen 5
in Sachen Fleischersatz

1 Natur- und Räuchertofu

Der inzwischen salonfähige Allrounder ist mittlerweile in fast jedem Supermarkt zu Hause. Tofu wird aus gepresster Sojamilch hergestellt und anschließend in Lake einge-legt. Als Naturtofu ist er geschmacklich eher auf der neutralen Seite, und das ist gut so. Denn kräftig mariniert und gewürzt ist das Sojaprodukt vielseitig einsetzbar: etwa für Salat, Chili oder für Bolognese. Geräucherter Tofu hat beim Räuchern über Buchenholz bereits kräftiges Aroma getankt. Beide Sorten kannst Du zerkrü-meln, würfeln oder auch pürieren.

2 Seitan

Den würzigen Fleischersatz kannst Du in Scheiben, Streifen oder Würfel schneiden, kräftig anbraten und für Döner, Gulasch oder Geschnetzeltes verwenden. Der vielseitige Küchenstar wurde ursprünglich von chinesischen und japanischen Zen-Buddhisten entwickelt und ist heute in jedem Bioladen oder Reformhaus zu finden. Sein Name klingt exotisch, Seitan besteht aber im Wesentlichen nur aus dem Weizeneiweiß Gluten. Für Menschen mit einer entsprechenden Unverträglichkeit (Zöliakie) ist dieses Produkt daher nicht geeignet. Sie sollten lieber auf Tofu und andere Sojaprodukte zurückgreifen.

3 Seidentofu

Zart, cremig und von feiner Konsistenz: Hergestellt aus geronnener Sojamilch wird der weiche Tofu nur soft gepresst und eignet sich mit seinem hohen Feuchtigkeitsgehalt sehr gut zum Pürieren, für Suppen, Saucen oder pikante Füllungen – eine wahre Bereicherung für die vegane Küche! Das besonders leichte und bekömmliche Produkt macht sich auch ausgezeichnet in Kuchen und Desserts.

4 Tempeh

Ein aromatisches Kraftpaket aus ganzen Sojabohnen! Der Clou: Durch die Zugabe von Schimmelpilzkulturen reifen die gekochten und geschälten Bohnen ähnlich wie Camembert und erhalten einen dezent nussigen bis pilzigen Geschmack. Durch seine feste Konsistenz eignet sich der Fleischersatz prima zum Braten. Tempeh stammt ursprünglich aus Indonesien, wo er schon seit Jahrhunderten verwendet wird.

5 Sojaschnetzel

Die unterschiedlich großen Schnetzel gibt es abgepackt im Reformhaus, Bioladen, Supermarkt oder auch in einigen Drogeriemärkten zu kaufen. Das auch als »Sojafleisch« bezeichnete Produkt wird bei hoher Temperatur und großem Druck aus Sojamehl hergestellt. Lass die Schnetzel zunächst in heißer Gemüsebrühe oder Wasser quellen, und – falls nötig – danach in einem Sieb abtropfen. Dann kannst Du sie wie Hackfleisch oder Geschnetzeltes in Öl anbraten. Wichtig ist kräftiges Würzen!

»Yes, ve-gan«:
Die ersetzen Milch und Eier

1 Pflanzenmilch

Pflanzliche Milch aus Soja, Reis oder Hafer schmeckt leicht süß und ein wenig wie das jeweilige Getreide. Du kannst die Milch kalt oder warm trinken und für Müsli, Shakes und Desserts verwenden. Den cholesterinfreien Milchersatz gibt´s gleich in mehreren Variationen im Supermarkt, Bioladen und Reformhaus zu kaufen: pur, leicht gesüßt oder in den Geschmacksrichtungen Schoko, Vanille, Erdbeere oder Banane.

2 Pflanzensahne

Sahne auf pflanzlicher Basis kannst Du prima zum Zubereiten von allem Cremigen wie Suppen, Saucen, Dips und Desserts verwenden. Backen funktioniert am besten mit Sojasahne. Das darin enthaltene Lecithin macht das Gebäck besonders locker. Das Sortiment im nächsten Supermarkt, Bioladen und Reformhaus reicht von Soja- und Reissahne bis zu Hafer- und Mandelsahne. Es gibt so viele Hersteller wie Geschmacksrichtungen. Am besten verschiedene Produkte ausprobieren. Pflanzliche Sahne lässt sich, bis auf wenige Ausnahmen, in der Regel nicht aufschlagen – das Etikett verrät's.

3 Sojaghurt

Für Aufstriche, Dips, Saucen und Desserts ist Sojaghurt ideal. Wie bei einem Joghurt auf Kuhmilchbasis wird auch hier als Ausgangsprodukt »Milch« eingesetzt, in diesem Fall also Sojamilch. Mit Milchsäure-bakterien angereichert gerinnt sie, und durch den Prozess der Fermentierung entsteht ein joghurtähnliches Produkt mit leicht säuerlichem Geschmack. Sojaghurt ist in den Kühltheken größerer Supermärk-te sowie in Bioläden und in Reformhäusern erhältlich. Neben der ungesüßten Natur-Va-riante gibt es Sojaghurt auch mit Fruchtge-schmack, z. B. Erdbeere.

4 Sojamehl

Es wird mit Hilfe von Dampf aus ganzen geschälten Sojabohnen hergestellt. Kaufen kannst Du es in vielen Bioläden und Reformhäusern. Sojamehl ist ideal für fluffige Kuchen, Gebäck, Pudding, Muffins und vieles mehr. Es verbessert die Backeigen-schaften und sorgt für einen lockeren Teig. Als Bindemittel und Ei-Ersatz verrühre einfach 1 EL Sojamehl mit 2 EL Wasser.

5 Kichererbsenmehl

Das Mehl mit dem neutralen bis leicht nussigen Geschmack kannst Du gut zum Binden von Teigen, für Bratlinge oder auch zum Panieren nehmen. Es wird aus ganzen Kichererbsen hergestellt und ist glutenfrei. Mit seinem hohen Gehalt an Magnesium, Eisen, Vitamin B1 und B6, Folsäure und Lysin ist es ein wertvoller Beitrag für eine gesunde Ernährung.

Cashewkäse

Fette Nüsse machen's möglich!

Zubereitungszeit: **ca. 25 Min.**
Einweichzeit: **ca. 12 Std. (am besten über Nacht)**
Pro Portion: **ca. 285 kcal**

Für 1 Blech Pizza oder 2 Aufläufe
180 g Cashewkerne
Salz
Pfeffer
3 EL Hefeflocken*

Zunächst die Cashewkerne in einer Schüssel mit 300 ml kaltem Wasser übergießen und ca. 12 Std. einweichen.

Gut vorbereitet ist halb gekocht!

* Du kannst die Flocken mit dem intensiven Geschmack im Bioladen, Reformhaus oder großen Supermarkt kaufen. Sie sind auch ideal zum Würzen von Suppen, Saucen und Getreidegerichten.

Danach Sieb, Pürierstab, Rührbecher, Topf und Schneebesen parat halten. Salz, Pfeffer und Hefeflocken bereitlegen. Die Cashews in das Sieb abgießen und kalt abbrausen.

Die Cashewkerne nun mit 300 ml frischem Wasser in einen hohen Rührbecher geben. Alles mit dem Pürierstab pürieren, bis eine feine »Sahne« entstanden ist.

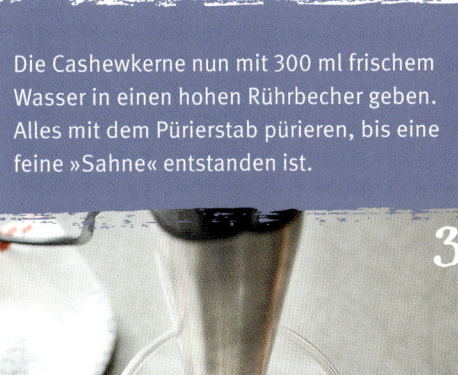

3

5

Die Masse dann in einem Topf langsam unter ständigem Rühren mit dem Schneebesen erhitzen. Wenn sich an der Oberfläche die ersten Blasen bilden, Topf vom Herd ziehen.

Die Cashewsahne kräftig mit Salz und Pfeffer abschmecken. Dann die Hefeflocken unterrühren und alles noch einmal kurz mit dem Pürierstab durchmixen.

Den »Käse« mit dem Löffelrücken verstreichen.

4

6

Den heißen Cashewkäse nun gleichmäßig auf der Pizza oder auf dem Auflauf verteilen. Sollte die Masse zu fest sein, rühre einfach noch 1–2 EL Wasser unter.

Cashews?
Die können noch mehr »Käse«!

CASHEW-BASICS

* Für »**Parmesan**« musst Du die Cashewkerne nicht einweichen. Für 2 Pastaportionen röste einfach 25 g Cashews in einer Pfanne ohne Fett leicht an, bis sie anfangen zu duften. Anschließend kannst Du sie mit ½ TL Salz und 1 EL Hefeflocken mit dem Pürierstab zu feinem »Parmesan« verarbeiten. Für Pasta der ultimative Kick!

* Für »**Ricotta**« müssen die Kerne eine Nacht im Wasser verbringen, damit daraus am nächsten Tag eine feine Creme wird. Für 2 Portionen 100 g Cashewkerne einweichen, am nächsten Tag kannst Du sie dann mit 1 TL Hefeflocken, ½ TL Salz, 1 TL Limettensaft und ca. 1 EL Wasser zu einer cremigen Masse pürieren und zum Beispiel für Cannelloni oder einen Dip verwenden.

AHA! EIN PAAR CASHEW-TIPPS:

* **Aufbewahren:** In der verschlossenen Packung sind die Kerne bei kühler und trockener Lagerung lange haltbar. Angebrochene Packungen solltest Du möglichst luftdicht verschließen und zügig aufbrauchen. Cashews nehmen gern das Aroma von anderen stark riechenden Lebensmitteln an und werden außerdem schnell ranzig.

* **Zu viele Cashews gekauft?** Wenn Du gerne Pesto isst, kannst Du die in Pesto-Rezepten häufig verwendeten teuren Pinienkerne gut durch Cashewkerne ersetzen. So sparst Du auch einiges an Kalorien, denn Cashewkerne enthalten rund 18% weniger Fett als Pinienkerne.

NEUES AUS DER »KÄSEREI«

* *Zwiebel-Oliven-Pizza mit Cashewkäse*

180 g Cashewkerne ca. 12 Std. in 300 ml Wasser einweichen, dann nach dem Grundrezept (s. S. 12 / 13) mit **Salz, Pfeffer, 3 EL Hefeflocken** und 300 ml frischem Wasser zu »Käse« verarbeiten. **21 g Hefe** mit **125 ml lauwarmem Wasser, 1 TL Zucker** und **1 EL Mehl** glatt rühren und ca. 15 Min. stehen lassen. **300 g Mehl** mit ½ TL Salz mischen. **3 EL Öl** und die Hefemischung dazugeben und alles mit den Händen verkneten. Teig zugedeckt ca. 45 Min. gehen lassen, bis er sein Volumen verdoppelt hat. **1 Knoblauchzehe** schälen, hacken und in **1 EL Olivenöl** glasig dünsten. **1 Dose stückige Tomaten** (400 g) dazugeben. Mit **1 TL Salz, ½ TL Pfeffer** und **1 TL Oregano** und **1 Lorbeerblatt** würzen. Alles ca. 15 Min. offen köcheln lassen. Den Backofen auf 220° vorheizen. **1 Zwiebel** schälen und in dünne Ringe schneiden. Teig ausrollen und auf ein Blech legen. Tomatensauce (ohne Lorbeer), Zwiebelringe, **1 EL Kapern** und **10 schwarze Oliven** darauf verteilen. Cashewkäse darübergeben. Die Pizza im heißen Backofen (Mitte) ca. 25 Min. backen.

Zweite Chance für Käsereste!

AAAAH – HILFE!

* **Der Käse ist zu fad?**
  Dann rühr einfach Ajvar (pikante Paprikacreme aus dem Glas), Tomatenmark oder gepresste Knoblauchzehen unter den Cashewkäse.
* **Der Käse ist zu dickflüssig?**
  Rühre nach und nach so viel Wasser unter, bis die Konsistenz stimmt und Du den Käse gut mit dem Löffel verteilen kannst.
* **Noch Cashewkäse übrig?**
  Kein Problem! Die Masse abgedeckt in den Kühlschrank stellen und innerhalb von 3 – 4 Tagen für Auflauf oder Pizza verwenden. Cashewkäse vorher noch einmal langsam unter ständigem Rühren erwärmen.

Mmmh!
Die schmecken nach »umami«!

1 Getrocknete Tomaten

Hierfür werden frische Tomaten eingesalzen und in der Sonne oder in Trocknungsanlagen gedörrt. So verdampft der austretende Saft und die Tomaten bekommen ein sehr intensives Aroma. Kaufen kannst Du getrocknete Tomaten entweder abgepackt in Tüten oder eingelegt in Gewürzöl. Sie schmecken sehr würzig und geben Dips, Salaten und Pastasaucen eine kräftige Note. Getrocknete Tomaten ohne Öl einfach in einem verschlossenen Schraubglas aufheben. So sind sie sehr lange haltbar.

2 Oliven

Ob grün, schwarz oder dunkelviolett: Oliven bescheren Mittelmeer-Feeling, ganz egal wie weit die nächste Küste weg ist. Weltweit gibt es an die 300 Olivenbaum-Sorten, deren Früchte in Salzlake oder Öl eingelegt werden. Verschiedene Kräuter und Gewürze verfeinern dabei das Aroma. Oliven, gleich welcher Farbe, sind für Pizza, Salate und Pastasaucen das besondere i-Tüpfelchen. Klein gehackt kannst Du sie auch in Brot einbacken oder püriert zu einer feinen Paste verarbeiten.

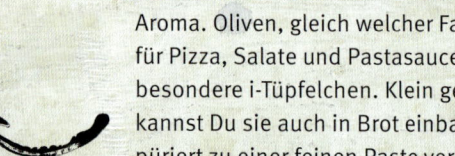

3 Nüsse und Kerne

Als finales Topping für Salate, Suppen und Pasta sind geröstete Mandeln, Walnüsse, Kürbis- oder Pinienkerne knusprige Extraklasse. Sie werden in einer kleinen Pfanne ohne Fett unter Rühren erhitzt, bis sie anfangen zu duften. Und um ihnen dann noch mehr Geschmack einzuhauchen, die Nüsse und Kerne mal mit Currypulver oder Chiliflocken aromatisieren und mit gehackten Feigen oder Datteln mischen – einfach top!

4 Hefeflocken

Ein Muss in der veganen Küche! Denn die Flocken verpassen vielen Gerichten den letzten Schliff und sind außerdem bestens geeignet für die vegane Käseherstellung. Die würzigen Flocken mit dem nussig-käsigen Geschmack entstehen auf der Basis von Hefe, Getreide und Salz. Sie sind eine ideale Ergänzung zur täglichen Ernährung, denn sie enthalten verschiedene B-Vitamine, Mineralstoffe, Spurenelemente und Elweß. Am besten Ist es, wenn Du Hefeflocken beim Kochen erst am Schluss zugibst – so bleibt der Nährstoffreichtum erhalten.

5 Sojasauce

Mit ihren rund 300 verschiedenen Geschmacks- und Aromastoffen entfaltet Sojasauce einen würzigen, boullionartigen und vollmundigen Geschmack. Die japanische Variante Shoyu wird aus fermentierten Sojabohnen, Weizen und Salz hergestellt und eignet sich sehr gut zum Marinieren von Tofu und zum Würzen von Pfannengerichten. Die chinesische Tamari – auch auf der Basis von Sojabohnen – ist kräftiger im Geschmack und ideal für Schmorgerichte.

SALATE UND SNACKS

Mango-Avocado-Caprese

Italo-Klassiker mal anders

Zubereitungszeit: **ca. 40 Min.**
Pro Portion: **ca. 590 kcal**

Für 2 Personen
1 kleine rote Zwiebel
1 reife Mango
200 g Seidentofu
1 Avocado
1 EL Zitronensaft
2 EL Pinienkerne
1 kleine frische rote Chilischote
5 EL Orangensaft
1 EL Agavendicksaft
3 EL Olivenöl
Salz
Pfeffer
2 Stängel Koriandergrün
40 g Rucola

1. Die Zwiebel schälen, halbieren und in dünne Streifen schneiden. Die Mango schälen, dann das Fruchtfleisch bis zum Stein rundherum jeweils in dünnen Scheiben abschneiden.

2. Den Seidentofu vorsichtig aus der Verpackung nehmen, er hat eine sehr weiche Konsistenz. Dann den Seidentofu auf ein Schneidbrett oder auf einen Teller legen und mit dem Messer in ca. ½ cm dicke Scheiben schneiden.

3. Die Avocado schälen und halbieren. Den Kern herauslösen, die Avocadohälften in Spalten schneiden und auf einen flachen Teller legen. Damit sich das Fruchtfleisch nicht braun verfärbt, die Spalten sofort mit Zitronensaft beträufeln.

4. Die Pinienkerne in einer Pfanne ohne Fett rösten. Chili waschen, putzen und längs aufschneiden. Die Kerne herausschaben, die Chilihälften in sehr feine Streifen schneiden (Hände waschen!).

5. Für die Sauce den Orangensaft mit dem Agavendicksaft in einer kleinen Schüssel mit dem Schneebesen verrühren. Das Olivenöl unterschlagen, bis eine cremige Sauce entstanden ist. Sauce mit etwas Salz und Pfeffer abschmecken.

6. Auf einem flachen Teller die Mango, den Seidentofu und die Avocado dekorativ anrichten. Mit der Sauce beträufeln. Zwiebelstreifen, Chili und Pinienkerne darauf verteilen. Den Koriander waschen und trocken schütteln. Die Blättchen abzupfen und darüberstreuen.

7. Den Rucola verlesen, waschen und trocken schütteln. Die dicken Stiele abschneiden, dann die Blättchen gleichmäßig auf dem Salat verteilen.

3 ♥

Mangue

J
O
K
E
R

Avocat

3

Découvert au Mexique, l'avocat
contient jusqu'à 25 % de graisse
et servait de beurre aux marins
européens en route vers le
Nouveau Monde.

R
E
K
O
J

**Genialer Star-
ter: zart besaitet
und mit einem
Tick Schärfe!**

Sommersalat mit Zucchini-Piccata

Urlaubsfeeling auf dem Tisch

Zubereitungszeit: **ca. 45 Min.**
Pro Portion: **ca. 635 kcal**

Für 2 Personen
80 g Blattsalat-Mix
100 g Strauchtomaten
2 Frühlingszwiebeln
10 entsteinte schwarze Oliven
1 Zucchino (200 g)
1 – 2 EL Zitronensaft
Salz | Pfeffer
2 EL Weißweinessig
8 EL Olivenöl
2 dicke Scheiben helles Brot
4 EL Mehl | 4 EL Sojamehl
1 EL Hefeflocken
4 – 6 Stängel Basilikum
Außerdem:
Backpapier

1. Den Salat verlesen, waschen und trocken schleudern. Die Tomaten auch waschen und ohne den Stielansatz würfeln. Die Frühlingszwiebeln putzen, waschen und in dünne Ringe schneiden. Die Oliven hacken. Zucchino putzen, waschen und quer in ca. ½ cm breite runde Scheiben schneiden. Die Scheiben mit Zitronensaft beträufeln, salzen und pfeffern.

2. Den Backofen auf 200° vorheizen. Für die Vinaigrette den Essig mit Salz und Pfeffer verrühren. 4 EL Öl mit dem Schneebesen nach und nach unterschlagen, bis eine cremige Sauce entstanden ist. Tomaten und Frühlingszwiebeln untermischen.

3. Ein Blech mit Backpapier auslegen. Das Brot zerzupfen und darauf verteilen. Mit 2 EL Öl beträufeln. Das Brot ca. 10 Min. im heißen Ofen (Mitte) backen, bis es braun und knusprig wird.

4. Für die Piccata Mehl, Sojamehl und die Hefeflocken mit 160 ml Wasser in einen hohen Rührbecher geben. Das Basilikum waschen und trocken schütteln, die Blättchen abzupfen und in den Becher geben. Alles fein pürieren, bis ein glatter Teig entstanden ist. Teig salzen und pfeffern.

5. In einer Pfanne das übrige Öl (2 EL) erhitzen. Zucchinischeiben durch den Teig ziehen und von jeder Seite in ca. 3 Min. goldbraun braten. Dann herausnehmen, auf Küchenpapier abtropfen lassen und mit dem Salat anrichten. Die Tomaten-Vinaigrette darübergeben. Gehackte Oliven und geröstete Brotwürfel darauf verteilen.

Hier knus-
pert's gleich
doppelt!

Rucola-Tempeh-Salat

Zubereitungszeit: **ca. 45 Min.**
Pro Portion: **ca. 490 kcal**

Für 2 Personen
80 g Rucola
40 g Walnusskerne
100 g Tempeh
1 EL neutrales Öl
2 EL Sojasauce
8 Salbeiblätter
1 Apfel
3 EL vegane Margarine
2 TL Rohrohrzucker
3 EL Apfelessig
Salz
Pfeffer
30 g getrocknete Cranberrys
Außerdem:
Apfelausstecher*

*Wenn Du keinen hast, kannst Du das Kerngehäuse auch mit einem kleinen, spitzen Messer kreisförmig direkt aus den Apfelscheiben herausschneiden oder mit einem Fingerhut ausstanzen.

1. Den Rucola verlesen, waschen und trocken schütteln. Die Stiele abschneiden. Walnüsse grob hacken und in einer Pfanne ohne Fett ca. 2 Min. rösten, bis sie anfangen zu duften. Sobald sie sich verfärben, die Nüsse herausnehmen.

2. Den Backofen auf 60° vorheizen. Den Tempeh ca. 1 cm groß würfeln. Das Öl in einer Pfanne erhitzen und den Tempeh darin in ca. 3 Min. unter Rühren bei mittlerer Hitze knusprig braten. Mit Sojasauce ablöschen und den Tempeh ca. 1 Min. weiterbraten, bis die Flüssigkeit verkocht ist. Aus der Pfanne nehmen und im Ofen (Mitte) warm halten.

3. Die Salbeiblätter waschen und mit Küchenpapier trocken tupfen. Den Apfel waschen, trocken reiben und mit einem Apfelausstecher das Kerngehäuse entfernen. Dann den Apfel quer in knapp 1 cm dicke Scheiben schneiden.

4. Die Margarine bei großer Hitze in einer Pfanne erhitzen und aufschäumen. Den Zucker einrühren. Die Hitze reduzieren und die Salbeiblätter dazugeben. Die Apfelscheiben hinzufügen und bei mittlerer Hitze auf jeder Seite ca. 2 Min. braten. Dann den Essig dazugeben. Die Pfanne vom Herd nehmen.

5. Den Rucolasalat auf zwei Teller verteilen. Die Apfelscheiben daraufgeben. Die Tempehwürfel darüber verteilen. Den Schmorsud mit Salz und Pfeffer würzen und über den Salat träufeln. Mit den Walnüssen und Cranberrys bestreuen.

Quinoa-Salat mit Ofengemüse

Quinoa-Salat mit Ofengemüse

Seelenfutter für kalte Wintertage

Zubereitungszeit: ca. 45 Min.
Backzeit: ca. 25 Min.
Marinierzeit: ca. 15 Min.
Pro Portion: ca. 570 kcal

Für 2 Personen
je 200 g Möhren, Pastinaken und
   Petersilienwurzel
2 rote Zwiebeln | 1 Knoblauchzehe
4 EL Olivenöl
5 EL Orangensaft
1 EL Zitronensaft
1 TL Chiliflocken
Salz | 2 Kardamomkapseln
1 Stange Zimt | 1 TL Koriandersamen
2 Gewürznelken | Pfeffer
100 g Quinoa
70 g getrocknete Datteln
2 Stängel Petersilie
Außerdem:
Backpapier
Mörser und Stößel

1. Den Backofen auf 180° vorheizen. Die Möhren putzen, schälen (s. Foto oben links), längs vierteln und in 4 cm lange Stifte schneiden. Pastinaken und Petersilienwurzeln putzen, schälen, waschen und in ½ cm dicke Scheiben schneiden. Die Zwiebeln schälen und vierteln. Knoblauch schälen und hacken.

2. Gemüse und Knoblauch in eine Schüssel geben. 3 EL Olivenöl und 3 EL Orangensaft mit dem Zitronensaft, den Chiliflocken und 1 TL Salz verrühren, über das Gemüse gießen und gut unterrühren.

3. Ein Blech mit Backpapier auslegen. Das Gemüse nebeneinander darauf verteilen. Kardamomkapseln im Mörser leicht anstoßen (s. Foto oben rechts) und mit der Zimtstange zum Gemüse geben. Koriander und Nelken im Mörser zerreiben und auf dem Gemüse verteilen. Pfeffern und im heißen Ofen (Mitte) zunächst ca. 15 Min. backen. Wenden und ca. 10 Min. weiterbacken. Das Gemüse sollte noch leichten Biss haben.

Warum und wieso ...

... muss ich Quinoa kalt abbrausen? Das ist notwendig, um mögliche Saponin-Rückstände zu entfernen. Saponine sind in Pflanzen vorkommende Glykoside mit meist bitter schmeckenden Verbindungen, die in wässeriger Lösung Schaum bilden. Verwende beim Waschen ein engmaschiges Sieb, damit die Körnchen nicht im Abfluss landen.

4. Inzwischen Quinoa in ein feines Sieb geben und mit kaltem Wasser (s. Info) gründlich abbrausen. 250 ml Wasser mit ½ TL Salz zum Kochen bringen. Quinoa einstreuen und zugedeckt bei schwacher Hitze ca. 12 Min. garen, bis die Körner ein glasiges Aussehen annehmen und die weißen Keime außen am Quinoakorn eine sichtbare Spirale formen. Dann den Topf vom Herd nehmen und den Quinoa ca. 10 Min. offen quellen lassen, damit die restliche Flüssigkeit, die sich noch im Topf befindet, aufgenommen wird. Die Körner sollten noch bissfest sein. Quinoa mit der Gabel auflockern.

5. Die Datteln entsteinen und dann klein schneiden. Das restliche Öl (1 EL) und den übrigen Orangensaft (2 EL) verrühren. Gemüse aus dem Ofen nehmen, in eine Schüssel geben und mit Quinoa und Datteln mischen. Die Öl-Saft-Mischung darübergießen und alles ca. 15 Min. ziehen lassen, dann nochmals mit Salz und Pfeffer abschmecken.

6. Die Petersilie waschen und trocken schütteln. Blättchen abzupfen, bis auf einen kleinen Rest hacken und unter den Salat rühren. Den Quinoa-Salat mit den ganzen Blättchen garnieren und lauwarm oder abgekühlt servieren.

MEDITERRANE VARIANTE: QUINOA-PESTO-SALAT

Für 2 Personen: **100 g Quinoa** wie links beschrieben abbrausen und kochen. Inzwischen **1 Zucchino** (ca. 300 g) putzen, waschen und 1 cm groß würfeln. In einer Pfanne in **1 EL Olivenöl** unter Rühren ca. 3 Min. anbraten und **salzen, pfeffern.** Dann **60 g getrocknete, in Öl eingelegte Tomaten** klein schneiden. **2 Frühlingszwiebeln** putzen, waschen und in Ringe schneiden. Quinoa mit Zucchiniwürfeln, Tomaten und Frühlingszwiebeln mischen. Für das Pesto je **3 Stängel Basilikum** und **Minze** waschen und trocken schütteln. Die Blätter abzupfen. **1 Knoblauchzehe** schälen, halbieren und mit den Kräuterblättchen, **4 EL Olivenöl, 1 EL Zitronensaft,** Salz und Pfeffer in einen Rührbecher geben und pürieren. Das Pesto und **10 schwarze Oliven** unter den Quinoa-Salat rühren.

Kürbis-Linsen-Salat

Zubereitungszeit: **ca. 40 Min.**
Pro Portion: **ca. 630 kcal**

Für 2 Personen
125 g Belugalinsen
Salz
400 g Hokkaido-Kürbis
4 EL Olivenöl
Pfeffer
1 Bio-Orange
5 EL Apfelessig
3 TL Agavendicksaft
1 Scheibe altbackenes Brot*
2 EL Kürbiskerne
30 g getrocknete Feigen
1 TL Chiliflocken
½ TL Currypulver
1 rote Zwiebel
3 Stängel glatte Petersilie

*Falls Du kein altbackenes Brot zur Hand haben soll-
test, kannst Du 1 Scheibe Brot im Toaster toasten und
mit den Händen zerkrümeln.

1. 400 ml Wasser aufkochen. Die Linsen in
einem Sieb kalt abbrausen, ins kochende
Wasser geben und bei schwacher Hitze
ca. 20 Min. offen garen. Dann ½ TL Salz
dazugeben und die Linsen ca. 5 Min.
weitergaren. In ein Sieb abgießen, eiskalt
abschrecken und abtropfen lassen.

2. Inzwischen den Kürbis waschen und die
Kerne sowie das faserige Fruchtfleisch
entfernen. Das Kürbisfleisch 1 cm groß
würfeln. In einer Pfanne 1 EL Öl erhitzen.
Die Kürbiswürfel darin unter Wenden
ca. 8 Min. braten, bis sie leicht bräunen.
Mit Salz und Pfeffer würzen.

3. Die Orange heiß waschen und abtrocknen. 1 EL Schale fein abreiben. Den Saft
auspressen. Schale und Saft mit dem
Apfelessig, dem Agavendicksaft und
2 EL Öl mischen. Die Vinaigrette mit Salz
und Pfeffer abschmecken.

4. Das Brot mit den Händen zerkrümeln. Die
Kürbiskerne grob hacken. Die Feigen grob
hacken. 1 EL Öl in einer Pfanne erhitzen.
Brotbrösel und Kürbiskerne darin unter
Rühren knusprig braten. Dann die Feigen
und Chiliflocken ca. 1 Min. mitbraten. Die
Bröselmischung mit Salz und Currypulver
würzen und vom Herd nehmen.

5. Die Zwiebel schälen und in feine Ringe
schneiden. Linsen, Kürbis und Zwiebelringe mit der Vinaigrette mischen und
alles mit Salz und Pfeffer abschmecken.
Den Salat mit den Feigen-Chili-Bröseln
bestreuen. Die Petersilie waschen und
trocken schütteln. Die Blättchen abzupfen, hacken und auf dem Salat verteilen.

Kartoffelsalat mit Tofu

Klassiker in neuer Begleitung

Zubereitungszeit: **ca. 50 Min.**
Marinierzeit: **ca. 1 Std.**
Pro Portion: **ca. 580 kcal**

Für 2 Personen
4 EL neutrales Öl
4 EL Weißweinessig
2 EL Sojasauce
3 TL mittelscharfer Senf | Pfeffer
200 g Tofu
500 g vorwiegend festkochende Kartoffeln
½ Salatgurke
1 Zwiebel | Salz
2 EL Olivenöl
gut 100 ml Gemüsebrühe (Instant)
1 Bund Schnittlauch

1. Für die Tofumarinade in einem Rührbecher 3 EL Öl mit 2 EL Essig, der Sojasauce und 2 TL Senf mit dem Schneebesen gut verrühren. Mit Pfeffer kräftig würzen. Den Tofu ½ cm groß würfeln, auf einen tiefen Teller geben und mit der Marinade übergießen. Umrühren, sodass alle Würfel mit der Marinade überzogen sind. Tofuwürfel zugedeckt ca. 30 Min. ziehen lassen.

2. Inzwischen die Kartoffeln waschen und in der Schale je nach Größe in 20 – 25 Min. weich kochen. Die Gurke und die Zwiebel schälen und möglichst klein würfeln.

3. Für die Vinaigrette 2 EL Weißweinessig mit 1 TL Senf, Salz und Pfeffer mischen. Dann das Olivenöl mit dem Schneebesen kräftig unterrühren.

4. Die Tofuwürfel in einem Sieb abtropfen lassen, dabei die Marinade auffangen. In einer Pfanne das übrige neutrale Öl (1 EL) erhitzen. Den Tofu darin bei starker Hitze unter Wenden ca. 10 Min. braten, bis die Würfel braun und knusprig sind. Die Tofuwürfel mit Pfeffer würzen, dann die Marinade dazugießen und einkochen lassen. Die Pfanne vom Herd nehmen.

5. Die Kartoffeln abgießen, ausdampfen lassen und pellen. Kartoffeln würfeln und in einer Schüssel mit den Zwiebel- und Gurkenwürfeln mischen. Die Tofuwürfel unterrühren. Die Gemüsebrühe aufkochen und darübergießen.

6. Die Vinaigrette vorsichtig unter den Kartoffel-Tofu-Salat heben. Den Schnittlauch waschen, trocken schütteln, in Röllchen schneiden und unterrühren.

7. Salat mit Salz und Pfeffer abschmecken, abkühlen lassen und zugedeckt mindestens 1 Std. im Kühlschrank ziehen lassen. Den Kartoffelsalat nach Belieben vor dem Servieren nochmals abschmecken.

Asia-Nudelsalat

Zubereitungszeit: ca. 40 Min.
Marinierzeit: ca. 30 Min.
Pro Portion: ca. 450 kcal

Für 2 Personen
100 g dünne Reisnudeln (Asienladen)
4 Frühlingszwiebeln
1 Möhre
1 kleine rote Zwiebel
1 Stück frischer Ingwer (ca. 1 cm)
1 Knoblauchzehe
1 frische rote Chilischote
3 EL Sesamöl
1 Bio-Limette
Salz
1 EL Agavendicksaft
½ Bund Koriandergrün
2 EL helle Sesamsamen

1. Die Reisnudeln nach Packungsangabe einweichen. Dann in einem Sieb kalt abbrausen und abtropfen lassen.

2. In dieser Zeit die Frühlingszwiebeln putzen, waschen und zunächst quer in ca. 3 cm lange Stücke, diese dann längs in feine Streifen schneiden. Die Möhre putzen, schälen und mit dem Sparschäler von oben nach unten in lange Streifen schälen. Die Zwiebel schälen, halbieren und in feine Streifen schneiden.

3. Den Ingwer schälen und fein reiben. Den Knoblauch schälen und fein hacken. Die Chilischote waschen, putzen und längs aufschneiden. Die Kerne herausschaben, die Chilihälften in sehr kleine Würfel schneiden (Hände waschen!).

4. Das Sesamöl mit Ingwer, Knoblauch und Chili in einer kleinen Schüssel verrühren. Die Limette heiß waschen und abtrocknen. Die Hälfte der Limettenschale fein abreiben, den Saft auspressen. Saft und abgeriebene Schale unter das Öl rühren. Die Salatsauce mit etwas Salz und dem Agavendicksaft abschmecken.

5. Die Nudeln in einer Schüssel mit den Frühlingszwiebeln, den Möhren- und Zwiebelstreifen mischen. Die Sauce untermischen. Den Koriander waschen und trocken schütteln. Die Blättchen abzupfen und untermischen. Den Salat zugedeckt ca. 30 Min. ziehen lassen.

6. Kurz vorm Servieren den Asia-Nudelsalat noch einmal abschmecken. Die Sesamsamen in einer Pfanne ohne Fett rösten und über den Salat streuen.

Pink-Pitabrot mit Gurken-Raïta

Pink-Pitabrot mit Gurken-Raïta

Zubereitungszeit: **ca. 30 Min.**
Ruhezeit: **ca. 30 Min.**
Backzeit: **ca. 15 Min.**
Pro Portion: **ca. 640 kcal**

Für 2 Personen
Für das Pitabrot:
250 g Mehl | ½ Pck. Trockenhefe
1 TL Zucker | Salz
130 – 160 ml Rote-Bete-Saft
2 EL Olivenöl
Für die Raïta:
½ Salatgurke
½ TL Kreuzkümmelsamen
10 schwarze Pfefferkörner
200 g Sojaghurt
1 EL Spritzer Zitronensaft
1 – 2 Stängel Minze
½ TL edelsüßes Paprikapulver
Außerdem:
Mörser und Stößel
Mehl zum Arbeiten
1 – 2 TL grobes Meersalz zum Bestreuen

1. In einer Schüssel das Mehl mit Trockenhefe, Zucker und ½ TL Salz mischen. 130 ml Rote-Bete-Saft und das Olivenöl dazugeben. Alles mit den Knethaken des Handrührgerätes ca. 5 Min. verrühren.

2. Dann den Teig auf einer leicht bemehlten Arbeitsfläche mit den Händen zu einem glatten elastischen Teig kneten, falls nötig, noch Rote-Bete-Saft dazugeben. Der Teig sollte aber nicht klebrig sein und sich leicht von der Arbeitsfläche lösen (s. Foto oben links). Ist er zu feucht, noch etwas Mehl unterkneten. Den Teig in einer Schüssel zugedeckt ca. 30 Min. an einem warmen Ort gehen lassen (s. Info).

Warum und wieso …

… muss ein Hefeteig eigentlich ruhen? Nach dem Zusammenrühren der Backzutaten finden chemische und physikalische Reaktionen statt: Die Hefezellen vermehren sich und sorgen dafür, dass der Teig sein Volumen vergrößert und lockerer wird. Und das dauert halt. Unterstützt wird das Aufgehen durch Wärme und Zucker. An einem warmen Ort in der Nähe der Heizung, auf der sonnigen Fensterbank oder im 50° warmen Backofen hat der Teig optimale Bedingungen.

3. Inzwischen für die Raïta die Gurke waschen, schälen und auf der groben Seite der Rohkostreibe raspeln. Die Gurkenraspeln in ein Sieb geben und ca. 15 Min. abtropfen lassen.

4. In einer kleinen Pfanne ohne Fett den Kreuzkümmel und den Pfeffer rösten, bis die Gewürze duften. Abkühlen lassen und im Mörser zerstoßen. Den Sojaghurt mit den zerstoßenen Gewürzen, Salz und Zitronensaft mit dem Schneebesen glatt rühren. Die Gurkenraspeln mit den Händen gut ausdrücken, damit die Raïta nicht wässerig wird. Raspeln mit dem Sojaghurt mischen. Minze waschen und trocken schütteln. Blättchen abzupfen, hacken und unter die Raïta mischen.

5. Den Backofen auf 200° vorheizen. Den Teig in sechs Portionen teilen. Jede Portion auf einer bemehlten Arbeitsfläche mit einem Nudelholz zu einem kleinen Fladen (ca. 12 cm Ø) ausrollen. Fladen auf der Oberseite mehrmals mit einer Gabel einstechen (s. Foto oben rechts). Auf ein bemehltes Backblech legen, mit Meersalz bestreuen und im heißen Ofen (Mitte) ca. 15 Min. backen.

6. Die Gurken-Raïta vor dem Servieren mit Paprikapulver bestäuben. Das Pitabrot noch warm mit der Raïta genießen.

VARIANTE: PITABROT MIT KRÄUTERPILZEN

Für 2 Personen: Für den Teig **250 g Mehl, 1 TL Zucker, ½ Pck. Trockenhefe, ½ TL Salz, 2 EL getrocknete italienische Kräuter, 125 ml lauwarmes Wasser** und **2 EL Olivenöl** wie beschrieben verkneten und 30 Min. ruhen lassen, dann zu sechs kleinen Fladen ausrollen. Die Oberseiten mehrmals mit einer Gabel einstechen. Die Fladen auf ein bemehltes Backblech legen, mit **1–2 TL grobem Meersalz** bestreuen und ca. 15 Min. im vorgeheizten Ofen (Mitte) bei 200° backen. Inzwischen **250 g braune Champignons** mit Küchenpapier abreiben und vierteln. **1 Knoblauchzehe** schälen, hacken und in **1 EL Olivenöl** glasig dünsten. Pilze ca. 10 Min. unter Rühren mitbraten. Mit **1½ TL getrockneten italienischen Kräutern, Salz** und **Pfeffer** würzen. **100 g Pflanzensahne** (s. S. 10) unterrühren und kurz aufkochen. Mit dem warmen Pitabrot servieren.

Hummus mit Pfannenbrot

heiße Fladen mit orientalischem Lieblingsdip

Zubereitungszeit: **ca. 40 Min.**
Ruhezeit: **ca. 20 Min.**
Pro Portion: **ca. 910 kcal**

Für 2 Personen
½ Bund Minze
150 g Mehl
Salz
1 Dose Kichererbsen (425 g)
1 Knoblauchzehe
2 EL Olivenöl
2 EL Zitronensaft
100 g Tahina (Sesampaste)
1 Prise Cayennepfeffer
½ TL edelsüßes Paprikapulver
2 EL Sesamöl
2 EL helle Sesamsamen
Außerdem:
Mehl zum Arbeiten

1. Für den Teig die Minze waschen und trocken schütteln. Die Blättchen abzupfen und hacken. Das Mehl in eine Schüssel geben und mit 1 TL Salz, der Minze und 95 ml lauwarmem Wasser mischen.

2. Alles auf einer bemehlten Arbeitsfläche mit den Händen zu einem glatten Teig verkneten. Den Teig zu einer Kugel formen, in Klarsichtfolie wickeln und ca. 20 Min. im Kühlschrank ruhen lassen.

3. Inzwischen die Kichererbsen in einem Sieb abtropfen lassen und dabei die Flüssigkeit auffangen. Den Knoblauch schälen, hacken und in einen hohen Rührbecher geben. Dann Kichererbsen, Olivenöl, Zitronensaft und das Tahina dazugeben. Mit dem Pürierstab zu einem feinen Mus pürieren. Falls es zu trocken sein sollte, ca. 2 EL Kichererbsenflüssigkeit unterrühren. Hummus mit Salz und Cayennepfeffer würzen, auf einen Teller streichen und mit Paprika bestäuben.

4. Den Backofen auf 50° vorheizen. Den Teig in 6 gleich große Portionen teilen. Auf einer bemehlten Arbeitsfläche jede Portion mit dem Nudelholz zu einem dünnen Fladen (ca. 12 cm Ø) ausrollen. Die Fladen zunächst nur auf einer Seite mit 1 EL Sesamöl einpinseln und mit 1 EL Sesamsamen bestreuen.

5. Eine beschichtete Pfanne erhitzen. Die Fladen darin mit der Sesam-Seite nach unten ca. 2 Min. bei mittlerer Hitze backen. Inzwischen die obere Seite mit restlichem Sesamöl (1 EL) einpinseln und mit übrigen Sesamsamen (1 EL) bestreuen. Die Fladen wenden und nochmals ca. 2 Min. backen. Im Ofen (Mitte) warm halten, bis alle gebacken sind. Dann die Fladen mit Hummus genießen.

Tofubällchen mit Mandelmus-Dip

Tofubällchen mit Mandelmus-Dip

auch prima fürs Fingerfood-Büfett

Zubereitungszeit: **ca. 40 Min.**
Pro Portion: **ca. 680 kcal**

Für 2 Personen
Für den Mandelmus-Dip:
2 EL Mandelmus (s. Info)
250 g Sojaghurt
2 TL mittelscharfer Senf
1 EL Agavendicksaft
1 EL Apfelessig
1–2 TL gemahlener Ingwer
1–2 TL gemahlene Kurkuma
Salz
Pfeffer
2 Stängel glatte Petersilie
Für die Tofubällchen:
1 Zwiebel
1 Knoblauchzehe
3 EL neutrales Öl
200 g Tofu
2 EL Hefeflocken
1 TL mittelscharfer Senf
2 EL Tomatenmark
1 TL edelsüßes Paprikapulver
1 EL Sojasauce
5 EL Kichererbsenmehl
Salz
Pfeffer

1. Für den Dip zunächst das Mandelmus im Glas mit einem sauberen Teelöffel kräftig umrühren (s. Foto oben links und Info). Die benötigte Menge (2 EL) entnehmen und mit dem Sojaghurt in einer Schüssel mit dem Schneebesen glatt rühren. Senf, Agavendicksaft und Essig unterrühren.

2. Die Mandelmus-Sojaghurt-Mischung mit dem Ingwer- und Kurkumapulver würzen und mit Salz und Pfeffer abschmecken. Die Petersilie waschen und trocken schütteln. Die Blättchen abzupfen, hacken und unter den Mandelmus-Dip rühren. Den Dip kühl stellen.

3. Für die Tofubällchen die Zwiebel und den Knoblauch schälen und fein hacken. In einer Pfanne 1 EL Öl erhitzen. Die Zwiebel und den Knoblauch darin unter Rühren glasig dünsten. Vom Herd nehmen.

4. Den Tofu abtropfen lassen, auf einen tiefen Teller legen und mit einer Gabel zerdrücken. Die Zwiebel und den Knoblauch unterrühren. Die Hefeflocken ebenfalls mit der Gabel in die Tofumasse einarbeiten. Alles mit Senf, Tomatenmark, Paprikapulver, Sojasauce und 3 EL Kichererbsenmehl verrühren.

5. Die Tofumasse mit Salz und Pfeffer abschmecken und mit den Händen zu einem festen Teig verarbeiten, aus dem man Bällchen formen kann.

6. Das restliche Kichererbsenmehl (2 EL) auf einen flachen Teller geben. Mit angefeuchteten Händen aus der Tofu-masse zwölf walnussgroße Bällchen formen. Diese im Kichererbsenmehl wenden, sodass sie von einer gleich-mäßigen Mehlschicht umhüllt sind.

7. In einer beschichteten Pfanne das übrige Öl (2 EL) erhitzen. Tofubällchen darin in 8 – 10 Min. von allen Seiten bei mittlerer Hitze goldbraun braten (s. Foto oben rechts). Die Bällchen dabei nicht zu heiß braten, sonst werden sie außen schwarz und bleiben innen noch kalt. Bällchen zwischendurch wenden, sodass sie von allen Seiten gleichmäßig braun werden. Aus der Pfanne nehmen und kalt oder warm mit dem Mandelmus-Dip servieren.

Was ist eigentlich Mandelmus?

Die Paste wird zu 100 % aus geschäl-ten und gemahlenen Mandeln gewonnen. Du bekommst sie im Bioladen, Reformhaus oder in der Reformabteilung im Supermarkt. Es gibt eine helle Version und auch eine dunkle aus gerösteten Mandeln. Für den Dip kannst Du beide Sorten verwenden. Und bei beiden setzt sich nach einiger Zeit das Öl im oberen Teil des Glases ab, der untere Teil wird dadurch ziemlich fest. Rühre es jeweils mit einem sauberen Löffel unter, bevor Du die für das Rezept benötigte Menge aus dem Glas nimmst. Mandelmus lichtgeschützt bei Zimmertemperatur oder im Kühlschrank aufbewahren.

BBQ-Tempeh-Spieße

Echt scharf!

Zubereitungszeit: **ca. 50 Min.**
Marinierzeit: **1 Std.**
Pro Portion: **ca. 530 kcal**

Für 2 Personen
200 g Tempeh
1 Stück frischer Ingwer (ca. 2 cm)
3 Knoblauchzehen
4 EL Sojasauce
5 EL neutrales Öl
2 TL Chiliflocken
2 Zwiebeln
2 EL Apfelessig
3 EL Tomatenmark
2 EL Agavendicksaft
300 ml passierte Tomaten
2 Ringe Ananas (aus der Dose)
Salz
1 große rote Paprikaschote
Pfeffer
Außerdem:
2 oder 4 Holzspieße (je nach Länge)

1. Den Tempeh in ca. 1 cm dicke Scheiben schneiden. Den Ingwer und 1 Knoblauchzehe schälen und hacken. Beides mit Sojasauce, 2 EL Öl und 1 TL Chiliflocken verrühren. Die Tempehscheiben horizontal auf Spieße stecken. Mit der Marinade beträufeln und 1 Std. ziehen lassen, dabei zwischendurch wenden.

2. Für die Sauce 1 Zwiebel und den übrigen Knoblauch schälen, würfeln und in 1 EL Öl glasig dünsten. Die übrigen Chiliflocken unterrühren, das Ganze mit dem Essig ablöschen. Tomatenmark und Agavendicksaft hinzufügen und alles unter ständigem Rühren ca. 1 Min. dünsten. Passierte Tomaten unterrühren. Die Ananasringe würfeln und auch in die Sauce geben. Die Sauce salzen und ca. 15 Min. bei schwacher Hitze zugedeckt köcheln lassen. Abkühlen lassen.

3. Die Paprika längs halbieren und von Stielansatz, Trennwänden und Samen befreien. Hälften waschen und in Streifen schneiden. Die übrige Zwiebel schälen, halbieren und in Streifen schneiden.

4. Den Backofen auf 60° vorheizen. Die Tempeh-Spieße aus der Marinade nehmen und in einer Pfanne in 1 EL Öl in ca. 8 Min. auf beiden Seiten knusprig braten. Im Ofen (Mitte) warm halten.

5. Die Pfanne säubern, dann 1 EL Öl darin erhitzen. Zwiebel- und Paprikastreifen darin unter Rühren in ca. 5 Min. bissfest garen, dann mit der Tempeh-Marinade ablöschen. Das Gemüse salzen und pfeffern und mit den Tempeh-Spießen und der BBQ-Sauce anrichten.

Schön spießig:
pikanter Snack
mit fruchtiger
Sauce.

Ofen-Süßkartoffel

mal mit rotem Zaziki

Zubereitungszeit: **ca. 20 Min.**
Backzeit: **45 – 55 Min.**
Pro Portion: **ca. 420 kcal**

Für 2 Portionen
2 große Süßkartoffeln (ca. 600 g)
200 g gegarte Rote Beten (vakuum-
   verpackt, Gemüseregal)
400 g Sojaghurt
Salz | Pfeffer
2 Knoblauchzehen
1 EL Zitronensaft | 1 Bund Dill

So schmeckt's auch

Du kannst das Zaziki auch klassisch
mit Salatgurke zubereiten: Hierfür
1 Gurke schälen und auf der groben
Seite der Küchenreibe raspeln. Damit
das Zaziki nicht wässerig wird, die
Raspeln ca. 15 Min. auf einem Sieb
abtropfen lassen. Anschließend mit
400 g Sojaghurt verrühren. 1 Knoblauchzehe schälen und dazupressen,
Zaziki mit Salz und Pfeffer abschmecken. 1 Bund Dill waschen und trocken
schütteln. Die Spitzen abzupfen,
hacken und unterrühren.

1. Die Süßkartoffeln waschen und mit einer
Gabel mehrfach einstechen. So kann
der entstehende Dampf entweichen und
die Schale nicht platzen. Ein Backblech
mit Alufolie auslegen und die Kartoffeln
darauflegen. Süßkartoffeln in den Ofen
(Mitte) ohne Vorheizen geben und je
nach Größe 45 – 55 Min. bei 200° backen,
bis sie weich sind.

2. Für das Zaziki die Roten Beten grob
raspeln. In einer Schüssel den Sojaghurt
glatt rühren und mit Salz und Pfeffer
würzen. Den Knoblauch schälen und
dazupressen. Den Zitronensaft unterrühren. Rote-Bete-Raspeln untermischen.

3. Den Dill waschen und trocken schütteln.
Die Spitzen abzupfen, bis auf einen
kleinen Rest hacken und unter das
Rote-Bete-Zaziki rühren.

4. Die fertig gegarten Süßkartoffeln (Gabel-
probe!) oben längs aufschneiden und
seitlich wegdrücken. So entsteht in der
Mitte ein länglicher Spalt. Das Rote-Bete-Zaziki auf die Kartoffeln in den Spalt
geben. Alles mit den übrigen Dillspitzen
garnieren. Dazu schmeckt grüner Salat.

Mini-Gemüse-Törtchen

klein, schick und raffiniert

Zubereitungszeit: **ca. 1 Std.**
Einweichzeit: **ca. 12 Std. (am besten über Nacht)**
Backzeit: **ca. 25 Min.**
Pro Stück: **ca. 250 kcal**

Für 4 Törtchen
70 g Cashewkerne
3 EL Sojaghurt
50 g Räuchertofu
1 TL mittelscharfer Senf
½–1 TL Kräutersalz
2 EL Sojamehl
2 ½ EL vegane Margarine
200 ml Gemüsebrühe (Instant)
50 g Polenta (Maisgrieß)
je 150 g Zucchini und Lauch
100 g Möhren
Salz
Pfeffer
frisch geriebene Muskatnuss
1 TL Currypulver
Außerdem:
Backpapier
4 Dessertringe (7 cm Ø)

1. Am Vortag die Cashews in Wasser einweichen. Am nächsten Tag in ein Sieb abgießen und kalt abbrausen. Nüsse in einem hohen Rührbecher mit Sojaghurt, Räuchertofu und Senf pürieren.

2. Alles mit dem Kräutersalz würzen. Das Sojamehl mit 4 EL Wasser verrühren und unterrühren. Mischung beiseitestellen.

3. Ein Backblech mit Backpapier auslegen. Die Dessertringe mit ½ EL Margarine einfetten und daraufstellen. Die Gemüsebrühe in einem Topf aufkochen, die Polenta einstreuen und bei schwacher Hitze ca. 2 Min. köcheln lassen. Dann 1 EL Margarine unterrühren und den Maisgrieß sofort in die Ringe füllen.

4. Zucchini putzen, waschen, längs vierteln und quer in Scheibchen schneiden. Den Lauch putzen, gründlich waschen und in dünne Ringe schneiden. Möhren putzen, schälen und in dünne Scheiben schneiden. Übrige Margarine (1 EL) erhitzen. Gemüse darin bei schwacher Hitze in ca. 10 Min. unter Rühren bissfest garen. Den Backofen auf 200° vorheizen. Das Gemüse mit Salz, Pfeffer, Muskat und Curry abschmecken, dann unter die Cashewmischung rühren.

5. Das Gemüse in die Ringe auf die Polenta geben und im heißen Backofen (Mitte) ca. 25 Min. backen. Herausnehmen, auf Teller setzen und die Törtchen mit einem spitzen Messer vom Rand lösen, dann die Ringe vorsichtig entfernen.

SUPPEN UND EINTÖPFE

Bicolor-Gazpacho

Mit currywürzigem Knusper-Topping!

Zubereitungszeit: **ca. 30 Min.**
Kühlzeit: **ca. 1 Std.**
Pro Portion: **ca. 350 kcal**

Für 2 Personen
je 1 rote und gelbe Paprikaschote
1 Zwiebel
1 Knoblauchzehe
2 Stangen Staudensellerie
1 reife Mango
200 ml Tomatensaft
2 EL Olivenöl
1 TL edelsüßes Paprikapulver
½ TL Chiliflocken
Salz | Pfeffer
100 ml Orangensaft
1 TL Currypulver
30 g Mandelkerne

1. Die Paprika längs halbieren und von Stielansatz, weißen Trennwänden und Samen befreien. Hälften waschen und nach Farben getrennt grob würfeln. Zwiebel und Knoblauch schälen und würfeln.

2. Die Selleriestangen putzen, dabei eventuell vorhandene Fäden abziehen. Die Stangen waschen und würfeln. Die Mango schälen. Dann das Fruchtfleisch jeweils bis zum Stein rundherum in dünnen Scheiben abschneiden.

3. Die roten Paprikawürfel mit jeweils der Hälfte der Zwiebel-, Knoblauch- und Selleriewürfel in einen hohen Rührbecher geben. Den Tomatensaft, 1 EL Olivenöl, Paprikapulver und Chiliflocken hinzugeben. Mit dem Pürierstab pürieren, bis eine feine, sämige Suppe entsteht. Die Suppe mit Salz und Pfeffer abschmecken.

4. Die gelben Paprikawürfel mit den restlichen Zwiebel-, Knoblauch- und Selleriewürfeln in einen zweiten Rührbecher geben. Das Mangofruchtfleisch und den Orangensaft hinzufügen und alles mit dem Pürierstab zu einer sämigen Suppe pürieren. Mit Salz, Pfeffer und ½ TL Currypulver abschmecken.

5. Beide Suppen abgedeckt ca. 1 Std. im Kühlschrank kühlen. Vor dem Servieren die Mandeln mit einem Messer hacken und in einer Pfanne ohne Fett rösten, bis sie anfangen zu duften. Mit ½ TL Currypulver bestäuben, umrühren und sofort aus der Pfanne nehmen, da sie sonst in der Pfanne nachbräunen.

6. Zum Anrichten die rote und die gelbe Suppe gleichzeitig in je einen Suppenteller gießen, sodass eine rote und eine gelbe Hälfte entsteht. Mit den Curry-Mandeln bestreuen.

cooles Süppchen
für heiße Tage

Fig. 284.

Möhren-Orangen-Suppe mit Linsen

Möhren-Orangen-Suppe mit Linsen

Löffel für Löffel Suppenglück

Zubereitungszeit: **ca. 40 Min.**
Pro Portion: **ca. 340 kcal**

Für 2 Personen
1 Zwiebel
1 Knoblauchzehe
1 Stück frischer Ingwer (ca. 2 cm)
1 frische rote Chilischote
200 g Möhren
100 g Kartoffeln
1 EL neutrales Öl
1 TL gemahlener Kreuzkümmel
300 ml Gemüsebrühe (Instant)
140 ml Orangensaft
70 g rote Linsen
Salz
2 Frühlingszwiebeln
1 EL Agavendicksaft
Pfeffer
50 g Kokosmilch

1. Die Zwiebel und den Knoblauch schälen und fein hacken. Den Ingwer schälen und fein reiben. Die Chilischote waschen, putzen und längs aufschneiden. Die Kerne herausschaben, die Chilihälften in sehr kleine Würfel schneiden (Hände waschen!). Die Möhren putzen, schälen und in ½ cm dicke Scheiben schneiden. Die Kartoffeln schälen, waschen und in 1 cm große Würfel schneiden.

2. Das Öl in einem Topf erhitzen. Die Zwiebel- und Knoblauchwürfel darin glasig dünsten (s. Foto oben links).

Warum und wieso ...

... werden rote Linsen vor dem Kochen nicht eingeweicht? Da die äußere Samenschale beim Schälprozess entfernt wurde, garen rote Linsen in nur 15 Min. – perfekt für ein schnelles Süppchen! Die Linsen haben übrigens ursprünglich eine lilafarbene Schale und einen leuchtend orange-roten Kern. Beim Kochen verwandelt sich die rote Farbe in einen gelblichen Ton.

3. Chiliwürfel und Ingwer dazugeben und ca. 1 Min. mitdünsten. Die Möhren und die Kartoffeln hinzufügen. Alles mit dem Kreuzkümmel bestäuben und umrühren. Die Brühe dazugießen und das Gemüse im geschlossenen Topf bei schwacher Hitze ca. 20 Min. garen. Nach dieser Zeit den Orangensaft dazugießen und alles offen ca. 5 Min. weiterköcheln lassen.

4. Inzwischen 200 ml Wasser zum Kochen bringen. Die Linsen in einem Sieb kalt abbrausen (s. Info), ins kochende Wasser geben und im offenen Topf bei schwacher Hitze ca. 10 Min. garen. Dann ½ TL Salz dazugeben, die Linsen noch ca. 5 Min. weitergaren. In dieser Zeit die Frühlingszwiebeln waschen, putzen, längs halbieren und in feine Streifen schneiden.

5. Den Agavendicksaft in die Möhren-Kartoffel-Suppe geben, dann die Suppe mit dem Pürierstab fein pürieren und kräftig mit Salz und Pfeffer würzen. Die Kokosmilch unterrühren und miterhitzen. Die Suppe warm halten.

6. Die Linsen in ein Sieb abgießen und abtropfen lassen (s. Foto oben rechts), dann in die Suppe geben. Die Suppe in Suppenschalen füllen und die Frühlingszwiebelstreifen darauf verteilen.

WINTER-VARIANTE: LINSEN-EINTOPF MIT SEITAN-LAUCH

Für 2 Personen: **80 g Knollensellerie** und **1 kleine Möhre** putzen, schälen und ½ cm groß würfeln. In **1 EL neutralem Öl** 1–2 Min. dünsten. **600 ml Gemüsebrühe** (Instant) angießen. **100 g getrocknete braune Tellerlinsen** dazugeben. Zugedeckt ca. 45 Min. bei schwacher Hitze köcheln lassen, bis die Linsen weich sind. Nach Bedarf Brühe nachgießen. **1 kleine Stange Lauch** putzen, gründlich waschen und in feine Ringe schneiden. **1 TL Koriandersamen** im Mörser grob zerstoßen. **125 g Seitan** ½ cm groß würfeln und in **1 EL neutralem Öl** anbraten. Den Lauch ca. 2 Min. mitdünsten. Mit **Salz, Pfeffer** und dem Koriander würzen. Die Linsensuppe mit Salz und Pfeffer abschmecken. Auf zwei Suppenschalen verteilen. Seitan-Lauch-Gemüse daraufgeben und mit **Petersilienblättchen** bestreuen.

Kartoffel-Pastinaken-Suppe

mit scharfem Bohnen-Crunch

Zubereitungszeit: **ca. 40 Min.**
Pro Portion: **ca. 275 kcal**

Für 2 Personen
150 g Kidneybohnen (aus der Dose)
1 EL neutrales Öl
1 TL edelsüßes Paprikapulver
½ TL Cayennepfeffer
1 TL gemahlener Koriander
1 TL Chiliflocken | Salz
50 g Knollensellerie
½ Stange Lauch (ca. 50 g, nur weißer Teil)
125 g vorwiegend festkochende Kartoffeln
125 g Pastinaken
1 EL vegane Margarine
ca. 600 ml Gemüsebrühe (Instant)
2 EL Pflanzensahne (s. S. 10)
Außerdem:
Backpapier | Mörser und Stößel

1. Den Backofen auf 200° vorheizen. Die Bohnen in ein Sieb abgießen, abbrausen und abtropfen lassen. Die Bohnen dann in einer Schüssel mit dem Öl, den Gewürzen und ½ TL Salz mischen.

2. Ein Blech mit Backpapier auslegen. Die Bohnen darauf verteilen und im heißen Backofen (Mitte) ca. 25 Min. rösten, bis sie aufplatzen und knusprig werden. Bohnen zwischendurch wenden.

3. Inzwischen den Sellerie putzen und waschen, dann schälen und in Stücke schneiden. Den Lauch putzen, gründlich waschen und in feine Ringe schneiden. Die Kartoffeln schälen, waschen und würfeln. Die Pastinaken putzen, schälen, waschen und klein schneiden.

4. Die Margarine in einem Topf erhitzen. Die Kartoffeln, den Sellerie und die Pastinaken dazugeben und ca. 3 Min. unter Rühren bei mittlerer Hitze dünsten.

5. Dann die Lauchringe dazugeben. Die Gemüsebrühe dazugießen und aufkochen. Dann alles zugedeckt ca. 20 Min. köcheln lassen, bis Kartoffeln, Sellerie und Pastinaken weich sind.

6. Die Bohnen aus dem Ofen nehmen und im Mörser mit dem Stößel leicht anstoßen. Alternativ die Kidneybohnen auf ein Schneidebrett legen und mit dem Boden eines Stieltopfes leicht anquetschen. Die Suppe mit dem Pürierstab fein pürieren.

7. Die Suppe noch einmal unter Rühren erhitzen. Mit einem Schneebesen die Pflanzensahne unterrühren. Mit Salz und Pfeffer abschmecken. Suppe in tiefe Teller oder Suppenschalen füllen und die gerösteten Bohnen darauf verteilen.

Chili sin carne

Zubereitungszeit: **ca. 1 Std.**
Marinierzeit: **ca. 30 Min.**
Pro Portion: **ca. 525 kcal**

Für 2 Personen
100 g Tofu | 2 – 4 EL Sojasauce
1 große Dose geschälte Tomaten (800 g)
1 Zwiebel | 1 Knoblauchzehe
1 frische rote Chilischote
2 EL neutrales Öl
Salz | 1 TL Cayennepfeffer
1 TL edelsüßes Paprikapulver
1 TL gemahlener Kreuzkümmel
1 Dose Kidneybohnen (425 g)
1 kleine Dose Mais (200 g)
1 rote Paprikaschote
3 Stängel Petersilie
1 EL Agavendicksaft

1. Den Tofu gut abtropfen lassen und in ½ cm große Würfel schneiden. Auf einen Teller legen und mit 2 EL Sojasauce beträufeln. Ca. 30 Min. ziehen lassen.

2. Die Tomaten in einen hohen Rührbecher geben und mit dem Pürierstab pürieren. Zwiebel und Knoblauch schälen und würfeln. Chili waschen, putzen und längs aufschneiden. Die Kerne herausschaben, die Chilihälften in kleine Würfel schneiden (Hände waschen!).

3. In einem Topf 1 EL Öl erhitzen. Zwiebel und Knoblauch darin glasig dünsten, Chili kurz mitdünsten. Die Tomaten hinzufügen. Alles aufkochen, mit Salz, Cayennepfeffer, Paprika und Kreuzkümmel würzen und bei schwacher Hitze zugedeckt ca. 15 Min. köcheln lassen.

4. Inzwischen Bohnen und Mais in ein Sieb abgießen, kalt abbrausen und abtropfen lassen. Die Paprika längs halbieren und von Stielansatz, weißen Trennwänden und Samen befreien. Hälften waschen und in Streifen schneiden. Die Paprika, Bohnen und den Mais zu den Tomaten geben. Alles bei schwacher Hitze zugedeckt ca. 20 Min. köcheln lassen.

5. Tofuwürfel aus der Marinade nehmen, trocken tupfen und in einer Pfanne in 1 EL Öl bei starker Hitze kräftig anbraten. Mit ca. 2 EL Sojasauce ablöschen, dabei die übrige Sojasauce vom Marinieren mitverwenden. Tofu unter Wenden in 8 – 10 Min. knusprig braun braten.

6. Die Petersilie waschen und trocken schütteln. Die Blättchen abzupfen und hacken. Das Chili mit Agavendicksaft abschmecken und auf zwei Suppenschalen verteilen. Die Tofuwürfel und die gehackte Petersilie darüberstreuen.

Scharfer Sattmacher –
mit Knusper-Tofu auf-
gepeppt!

Blumenkohl-Kichererbsen-Curry

Blumenkohl-Kichererbsen-Curry

Zubereitungszeit: **ca. 40 Min.**
Pro Portion: **ca. 340 kcal**

Für 2 Portionen
300 g Kartoffeln
300 g Blumenkohl
1 Dose Kichererbsen (425 g)
200 g frischer Blattspinat*
1 Zwiebel
1 Knoblauchzehe
1 EL Olivenöl
1 TL edelsüßes Paprikapulver
2 TL Currypulver
300 ml Gemüsebrühe (Instant)
200 g Sojaghurt
1 TL Speisestärke
Salz
Pfeffer
3 EL Zitronensaft
½ Bund Koriandergrün

*Wenn´s schneller gehen soll, kannst Du auch 150 g TK-Blattspinat nehmen, auftauen lassen und am Schluss unter den Eintopf rühren.

1. Die Kartoffeln schälen und waschen. In ca. 2 cm große Würfel schneiden und in kaltes Wasser legen. Den Blumenkohl putzen, in Röschen vom Strunk schneiden (s. Foto oben links) und waschen. Die Kichererbsen in ein Sieb abgießen und abtropfen lassen. Den Spinat waschen, verlesen, abtropfen lassen und die groben Stiele abschneiden.

2. Die Zwiebel und den Knoblauch schälen und würfeln. Das Olivenöl in einem Topf erhitzen. Zwiebelwürfel und Knoblauch darin glasig dünsten.

Warum und wieso ...

... werden hier Sojaghurt und Speisestärke miteinander verrührt? Wenn man Sojaghurt pur erhitzt, gerinnt er sehr schnell. Das siehst Du daran, dass sich kleine Flöckchen bilden. Verrührst Du ihn aber mit Speisestärke und mischst ihn am Schluss unter das heiße Gericht, passiert das nicht.

3. Die Kartoffeln aus dem Wasser nehmen und mit den Blumenkohlröschen zur Zwiebelmischung geben. Kartoffeln und Blumenkohl unter Rühren ca. 2 Min. bei mittlerer Hitze mitdünsten. Alles mit Paprika- und Currypulver bestäuben.

4. Dann die Brühe dazugießen und die Kichererbsen hinzufügen. Alles einmal umrühren, aufkochen und zugedeckt bei schwacher Hitze ca. 15 Min. köcheln lassen. Zum Schluss den Spinat dazugeben und so lange in der Brühe ziehen lassen, bis er zusammengefallen ist.

5. In einer kleinen Schüssel mit einem Schneebesen den Sojaghurt mit der Speisestärke glatt rühren (s. Info). Die Masse langsam in das Curry rühren (s. Foto oben rechts). Dann alles einmal aufkochen und offen bei schwacher Hitze ca. 2 Min. weiterköcheln lassen, dabei ab und zu umrühren. Das Curry mit Salz, Pfeffer und Zitronensaft abschmecken.

6. Das Koriandergrün waschen und trocken schütteln, die Blättchen abzupfen und fein hacken. Das Curry auf zwei Suppenschalen verteilen und mit dem Koriander bestreuen. Dazu passt Basmatireis.

MAROKKANISCHE VARIANTE: KICHERERBSENSUPPE

Für 2 Personen: **1 Dose Kichererbsen** (425 g) in einem Sieb abtropfen lassen. **1 Zwiebel, 1 Knoblauchzehe** und **1 Stück frischen Ingwer** (ca. 2 cm) schälen und klein würfeln. **1 Möhre** putzen, schälen und klein würfeln. Zwiebel und Knoblauch in **1 EL neutralem Öl** glasig dünsten. Mit **1 TL Currypulver, 1 TL Chiliflocken, ½ TL gemahlenem Kreuzkümmel** und **1 TL gemahlener Kurkuma** bestäuben. Möhrenwürfel, Ingwer und Kichererbsen mit **300 ml Gemüsebrühe** (Instant) dazugeben. Alles zugedeckt ca. 20 Min. köcheln lassen. **125 g Kokosmilch** unterrühren. Die Suppe mit **Salz** und **Pfeffer** abschmecken und in Suppenschalen füllen. **1 Frühlingszwiebel** putzen, waschen und in feine Ringe schneiden. **2 Kirschtomaten** waschen, würfeln und mit den Frühlingszwiebelringen darüberstreuen.

Asia-Gemüse-Topf

unkompliziert und umwerfend aromatisch

Zubereitungszeit: **ca. 45 Min.**
Pro Portion: **ca. 345 kcal**

Für 2 Portionen
1 Stück frischer Ingwer (ca. 3 cm)
1 Knoblauchzehe
1 frische rote Chilischote
200 g Spitzkohl
100 g Shiitake-Pilze*
100 g Zuckerschoten
2 Frühlingszwiebeln
200 g Tofu
1 EL helle Sesamsamen
1 EL Sesamöl
1 EL neutrales Öl
500 ml Gemüsebrühe (Instant)
3 EL Sojasauce
2 EL Limettensaft
3 – 4 Stängel Koriandergrün

*Falls Du keine Shiitake-Pilze im Supermarkt bekommen solltest, kannst Du auch einfach braune oder weiße Champignons nehmen. Bei denen darfst Du die Stiele ruhig mitverwenden.

1. Den Ingwer schälen und fein reiben. Den Knoblauch schälen und hacken. Die Chilischote waschen, putzen und längs aufschneiden. Die Kerne herausschaben, die Chilihälften in sehr kleine Würfel schneiden (Hände waschen!).

2. Den Spitzkohl waschen und halbieren. Den Strunk herausschneiden und den Spitzkohl in fingerlange, ca. 1 cm breite Streifen schneiden. Von den Shiitake-Pilzen die zähen Stiele entfernen, Pilze je nach Größe halbieren oder vierteln. Die Zuckerschoten putzen, waschen und schräg halbieren. Die Frühlingszwiebeln putzen, waschen und in feine Streifen schneiden. Den Tofu in 1 cm große Würfel schneiden. Sesamsamen in einer Pfanne ohne Fett rösten und beiseitestellen.

3. In einem Topf beide Öle erhitzen. Ingwer, Chili und Knoblauch darin bei mittlerer Hitze glasig dünsten. Die Pilze zugeben und unter Rühren ca. 2 Min. mitdünsten. Dann den Spitzkohl unterrühren und die Gemüsebrühe sowie 2 EL Sojasauce dazugeben. Einmal aufkochen und alles zugedeckt bei mittlerer Hitze ca. 5 Min. garen. Dann Zuckerschoten, Frühlingszwiebeln und Tofu hinzufügen und alles ca. 5 Min. zugedeckt weiterkochen.

4. Den Asia-Gemüse-Eintopf mit der restlichen Sojasauce und dem Limettensaft abschmecken. Den Koriander gut waschen und trocken schütteln. Eintopf in Suppenschalen geben. Die Korianderblättchen abzupfen und daraufgeben. Die Sesamsamen darüberstreuen.

ZUM SATT-ESSEN

Seitan-Döner

Fladenbrot-Tasche in neuer Mission

Zubereitungszeit: **ca. 35 Min.**
Pro Portion: **ca. 690 kcal**

Für 2 Personen
250 g Sojaghurt
2 EL Zitronensaft
1 TL mittelscharfer Senf
1 Knoblauchzehe
Salz | Pfeffer
200 g Rot- oder Weißkohl
3 EL Olivenöl | 1 EL Weißweinessig
1 Römersalatherz
1 Tomate | ¼ Salatgurke
1 Zwiebel
½ großes türkisches Fladenbrot
200 g Seitan
1 EL Gyros- oder Dönergewürz

1. Sojaghurt mit 1 EL Zitronensaft und dem Senf mit dem Schneebesen glatt rühren. Knoblauch schälen und dazupressen. Sauce mit Salz und Pfeffer abschmecken.

2. Den Kohl gut waschen, gegebenenfalls halbieren und den Strunk herausschneiden. Den Kohl in feine Streifen schneiden. 2 EL Öl mit dem übrigen Zitronensaft (1 EL) und dem Essig verrühren, salzen und pfeffern. Die Vinaigrette mit den Kohlstreifen mischen. Den Salat mit den Händen weicher kneten.

3. Den Backofen auf 180° vorheizen. Den Römersalat putzen. Die Blätter ablösen, waschen, trocken schleudern und in Streifen schneiden. Die Tomate waschen und ohne den Stielansatz in Scheiben schneiden. Die Gurke waschen, schälen und in Scheiben schneiden oder hobeln. Die Zwiebel schälen, halbieren und in feine Streifen schneiden.

4. Das Fladenbrot in ca. 5 Min. im heißen Backofen (Mitte) knusprig aufbacken. Den Seitan in gleichmäßig dünne und ca. 3 cm lange Streifen schneiden.

5. In einer Pfanne 1 EL Öl erhitzen und die Seitanstreifen darin bei mittlerer Hitze ca. 3 Min. von allen Seiten anbraten – aber nicht zu lange, da Seitan schnell hart wird. Die Streifen mit Salz, Pfeffer und Gyros- oder Dönergewürz würzen.

6. Das halbe Fladenbrot in zwei Viertel teilen. Die Viertel mit dem Messer von der Spitze beginnend waagerecht aufschneiden, sodass die lange Seite geschlossen bleibt. Römer- und Kohlsalat hineingeben, dann jeweils die Hälfte der Knoblauchsauce. Seitan- und Zwiebelstreifen, Gurken- und Tomatenscheiben daraufgeben. Restliche Sauce darauf verteilen und das Fladenbrot zuklappen.

Wow, Döner
kann auch
tierfrei!

Rote-Bohnen-Burger

Rote-Bohnen-Burger

Fastfood auf vegan - mit Süßkartoffel-Pommes!

Zubereitungszeit: **ca. 50 Min.**
Pro Stück: **ca. 780 kcal**

Für 4 Burger
1 Dose Kidneybohnen (425 g)
1 Zwiebel
2 Knoblauchzehen
2 TL Sambal Oelek
1 EL Tomatenmark
3 TL mittelscharfer Senf
3–4 EL Kichererbsenmehl
Salz
Pfeffer
1 kg Süßkartoffeln
2 EL Olivenöl
2 EL Mandelmus (s. Info S. 44)
200 g Sojaghurt
1 TL Agavendicksaft
1 TL Zitronensaft
4 Gewürzgurken und
  2 EL Gurkenflüssigkeit
4 Blätter Kopfsalat
1 Tomate
2 EL neutrales Öl
4 Burger-Brötchen
Außerdem:
Backpapier

1. Die Bohnen in ein Sieb abgießen, kalt abbrausen und abtropfen lassen. Die Zwiebel und 1 Knoblauchzehe schälen, würfeln und mit den Bohnen in einen hohen Rührbecher geben. Alles mit Sambal Oelek, Tomatenmark, 2 TL Senf und 3 EL Kichererbsenmehl verrühren. Die Mischung mit dem Pürierstab grob pürieren, es sollten noch Stückchen erkennbar bleiben (s. Foto oben links). Mischung mit Salz und Pfeffer kräftig abschmecken, bei Bedarf noch Mehl unterrühren.

2. Den Backofen auf 225° vorheizen. Ein Backblech mit Backpapier auslegen. Die Süßkartoffeln schälen, waschen und in 1 cm dicke Stifte schneiden (s. Foto oben rechts). Diese in einer Schüssel mit dem Olivenöl mischen, sodass alle Stifte damit überzogen sind. Süßkartoffeln mit 1 TL Salz würzen und auf dem Backblech verteilen. Im heißen Backofen (Mitte) ca. 25 Min. backen, dabei nach der Hälfte der Backzeit wenden.

3. Für die Remoulade zunächst das Mandelmus im Glas mit einem Teelöffel kräftig umrühren. Dann 2 EL Mandelmus entnehmen und mit dem Sojaghurt in einer Schüssel mit dem Schneebesen glatt rühren. Die restliche Knoblauchzehe schälen und dazupressen.

4. Den Agavendicksaft, den Zitronensaft, 1 TL Senf und 2 EL Gurkenflüssigkeit von den Gewürzgurken unterrühren. Remoulade mit Salz und Pfeffer abschmecken.

5. Die Gewürzgurken der Länge nach in Scheiben schneiden. Die Salatblätter waschen und trocken schleudern. Die Tomate waschen und ohne den Stielansatz in Scheiben schneiden.

6. Aus der Bohnenmasse vier Burger-Patties (ca. 10 cm Ø) formen. Dabei die Hände mit kaltem Wasser befeuchten, dann wird die Oberfläche der Patties schön glatt und der Bohnenteig klebt nicht an den Händen. Das Öl in einer beschichteten Pfanne erhitzen. Die Patties zunächst auf einer Seite 4 – 5 Min. bei mittlerer Hitze braten. Dann mit dem Pfannenwender vorsichtig wenden und weitere 3 Min. braten. Die Patties nicht zu heiß braten, sonst werden sie außen schwarz und sind innen noch kalt.

7. Die Brötchen toasten. Die unteren Hälften mit der Hälfte der Remoulade bestreichen. Mit Salatblättern, Tomaten, Patties und Gewürzgurken belegen. Die restliche Remoulade darauf verteilen. Obere Brötchenhälften daraufsetzen. Burger mit den Süßkartoffeln servieren.

VARIANTE: GRÜNKERN-ZWIEBEL-BURGER

Für 4 Burger: **250 ml Gemüsebrühe** (Instant) aufkochen. **125 g Grünkernschrot** hineinrühren und zugedeckt ca. 10 Min. schwach köcheln lassen. Vom Herd nehmen und ca. 15 Min. quellen lassen. **1 TL Senf, 1 EL Sojasauce, ½ TL getrockneten Majoran** und **1 TL Paprikapulver** unterrühren. Mit **Salz** und **Pfeffer** abschmecken. **200 g Zwiebeln** schälen, hacken und in **1 EL Öl** glasig dünsten. Mit **4 EL Kichererbsenmehl** unter die Grünkernmasse rühren. **1 Mango** schälen, Fruchtfleisch vom Stein schneiden. Mit **2 TL Senf, je 1 Msp. gemahlenem Ingwer und Piment** sowie **Cayennepfeffer** pürieren, salzen und pfeffern. Vier Patties formen und in **1 EL Öl** braten. **4 Burger-Brötchen** toasten und mit Patties, Mango-Senf-Creme und insgesamt **4 Salatblättern, 8 Tomatenscheiben** und **8 Gurkenscheiben** füllen.

Hirsottokugeln aus der Tüte

mit kräuterfrischer Tomaten-Salsa

Zubereitungszeit: **ca. 50 Min.**
Pro Portion: **ca. 470 kcal**

Für 2 Tortilla-Tüten
1 Zwiebel | 3 EL neutrales Öl
65 g Hirse
250 ml Gemüsebrühe (Instant)
2 Tomaten
2 – 3 Stängel Koriandergrün
1 EL Limettensaft
Salz | Pfeffer
Je ½ TL edelsüßes Paprika- und Currypulver
½ TL mittelscharfer Senf
½ TL Sojasauce
1 – 2 EL Kichererbsenmehl
2 große Weizen-Tortillas (ca. 25 cm Ø;
   Fertigprodukt)
1 kleines Römersalatherz
Außerdem:
Muffinblech

1. Die Zwiebel schälen und fein hacken. In einem Topf 1 EL Öl erhitzen und die Hälfte der Zwiebeln darin glasig dünsten. Die Hirse dazugeben und ca. 1 Min. unter ständigem Rühren bei mittlerer Hitze andünsten. Gemüsebrühe dazugießen. Alles aufkochen und dann bei schwacher Hitze offen ca. 10 Min. köcheln lassen. Dann die Hirse vom Herd nehmen und in ca. 15 Min. ausquellen lassen.

2. Inzwischen die Tomaten waschen und klein würfeln. Den Koriander waschen und trocken schütteln. Die Blättchen abzupfen und mit den Tomaten, übrigen Zwiebeln, 1 EL Öl und dem Limettensaft mischen. Die Salsa salzen und pfeffern.

3. Den Backofen auf 180° vorheizen. Die Hirsemasse mit Salz, Pfeffer, Paprika- und Currypulver abschmecken. Senf und Sojasauce unterrühren und alles mit 1 EL Kichererbsenmehl mischen. Falls nötig, noch etwas Mehl untermischen. Mit angefeuchteten Händen ca. 12 walnussgroße Bällchen formen.

4. In einer beschichteten Pfanne übriges Öl (1 EL) erhitzen. Die Bällchen darin unter Wenden von allen Seiten 8 – 10 Min. nicht zu heiß braten, sonst werden sie außen schwarz und bleiben innen kalt.

5. Die Tortillas in der Mitte falten, zu einer Spitztüte formen und die untere Kante umknicken. Tüten jeweils in eine Mulde des Muffinblechs drücken und im heißen Backofen (Mitte) ca. 10 Min. rösten. In dieser Zeit das Salatherz putzen, die Blätter waschen, trocken schleudern und klein schneiden. Tortillas aus dem Ofen nehmen und mit Salat, Hirsottokugeln und Tomaten-Salsa füllen.

Tolles aus der
Tortilla-Tüte:
einfach
zugreifen!

Pancakes mit Aïoli vegani

mediterran inspiriert und richtig lecker

Zubereitungszeit: **ca. 50 Min.**
Pro Portion: **ca. 640 kcal**

Für 2 Personen
125 g Kichererbsenmehl
2 EL Sojamehl
5 EL Olivenöl | Salz
je 1 TL getrockneter Oregano und Thymian
½ TL getrocknetes Basilikum
3 Knoblauchzehen
200 g Seidentofu
2 TL Zitronensaft | Pfeffer
1 Aubergine (150 g)
1 Zucchino (150 g)
30 g getrocknete, in Öl eingelegte Tomaten

1. Beide Mehlsorten mit 250 ml Wasser und 2 EL Öl mit den Quirlen des Handrührgeräts zu einem glatten Teig verrühren. Mit 1 TL Salz, ½ TL Oregano, ½ TL Thymian und dem Basilikum würzen. 1 Knoblauchzehe schälen und dazupressen. Den Teig noch einmal umrühren, dann zugedeckt ca. 15 Min. ruhen lassen.

2. Währenddessen die übrigen beiden Knoblauchzehen schälen und halbieren. Den Seidentofu abtropfen lassen und in einem hohen Rührbecher mit dem Knoblauch, 1 EL Öl und dem Zitronensaft pürieren. Die Aïoli salzen und pfeffern.

3. Die Aubergine und den Zucchino putzen, waschen und jeweils in ca. ½ cm große Würfel schneiden. Die getrockneten Tomaten kurz abtropfen lassen und in feine Streifen schneiden.

4. In einer großen beschichteten Pfanne 1 EL Olivenöl erhitzen und die Gemüsewürfel und Tomatenstreifen darin unter Wenden bei mittlerer Hitze ca. 3 Min. garen. Dann mit Salz, Pfeffer und je ½ TL Oregano und Thymian würzen.

5. Die Gemüsemischung aus der Pfanne nehmen und unter den Kichererbsenteig rühren. Die Pfanne mit Küchenpapier auswischen, wieder auf den Herd stellen.

6. Das restliche Olivenöl (1 EL) in der Pfanne erhitzen. Pro Pfannkuchen 1–2 EL Teig in die Pfanne geben und mit einem Löffelrücken glatt streichen, sodass vier kleine Pancakes mit knapp 10 cm Ø entstehen.

7. Die kleinen Pfannkuchen ca. 3 Min. bei mittlerer Hitze auf einer Seite leicht braten, dann wenden und weitere 3 Min. auf der anderen Seite braten. Dann die Pancakes aus der Pfanne nehmen und warm mit der Aïoli genießen.

Gemüse-Couscous-Pfanne

Orientalisch angehaucht und umwerfend gut!

Zubereitungszeit: **ca. 30 Min.**
Pro Portion: **ca. 390 kcal**

Für 2 Personen
250 g Brokkoli
1 rote Paprikaschote
1 Möhre
1 Knoblauchzehe
1 frische rote Chilischote
2 EL Olivenöl
1 TL Koriandersamen
1 TL gemahlener Kreuzkümmel
1 EL Currypulver
100 g TK-Erbsen
Salz
Pfeffer
350 ml Gemüsebrühe
100 g Couscous
2 Frühlingszwiebeln

1. Den Brokkoli waschen. Den dicken Stiel abschneiden, schälen und ca. 1 cm groß würfeln. Restlichen Brokkoli in Röschen teilen oder schneiden.

2. Die Paprikaschote längs halbieren und von Stielansatz, weißen Trennwänden und Samen befreien. Die Paprikahälften waschen und ca. 1 cm groß würfeln. Die Möhre putzen, schälen und in dünne Scheiben schneiden.

3. Den Knoblauch schälen und in sehr feine Scheiben schneiden. Die Chilischote waschen, putzen und längs aufschneiden. Die Kerne herausschaben und dann die Chilihälften in sehr kleine Würfel schneiden (Hände waschen!).

4. Das Olivenöl in einer Pfanne erhitzen. Knoblauch darin glasig dünsten, Chili dazugeben. Koriander, Kreuzkümmel und Currypulver auch hinzugeben und unter ständigem Rühren ca. 1 Min. bei mittlerer Hitze mitdünsten. Dann Brokkoli, Paprika und Möhrenscheiben hinzufügen und bei mittlerer Hitze unter Rühren ca. 5 Min. dünsten. Die TK-Erbsen dazugeben und alles mit Salz und Pfeffer würzen. Dann 200 ml Gemüsebrühe dazugießen. Das Gemüse zugedeckt bei schwacher Hitze in ca. 8 Min. bissfest garen.

5. Die übrige Gemüsebrühe (150 ml) aufkochen. Den Couscous in eine kleine Schüssel geben, mit der heißen Brühe übergießen, ca. 5 Min. quellen lassen.

6. In dieser Zeit die Frühlingszwiebeln waschen, putzen und in sehr feine Ringe schneiden. Den Couscous mit der Gabel auflockern, dann in der Pfanne mit dem gegarten Gemüse mischen. Frühlingszwiebelringe darüberstreuen.

Spinat-Spargel-Pasta

Zubereitungszeit: **ca. 50 Min.**
Pro Portion: **ca. 630 kcal**

Für 2 Personen
½ Bund Petersilie
1 EL Olivenöl
30 g Semmelbrösel
1 TL abgeriebene Bio-Zitronenschale
10 g Hefeflocken
200 g grüner Spargel
250 g frischer Blattspinat | Salz
200 g Bandnudeln aus Hartweizengrieß
1 Schalotte
1 Knoblauchzehe
1 EL vegane Margarine
Pfeffer | Zucker
100 ml Gemüsebrühe (Instant)
100 g Pflanzensahne (s. S. 10)
frisch geriebene Muskatnuss

1. Die Petersilie waschen und trocken schütteln. Die Blättchen abzupfen und hacken. In einer Pfanne das Olivenöl erhitzen. Die Semmelbrösel darin unter Rühren goldgelb rösten. Die Petersilie, Zitronenschale und Hefeflocken untermischen. Die Pfanne vom Herd nehmen.

2. Den Spargel waschen und das untere holzige Drittel schälen. Die Stangen in ca. 5 cm lange Stücke schneiden.

3. Den Spinat waschen, verlesen und in einem Sieb abtropfen lassen, die groben Stiele abschneiden. Dann in einem Topf 200 ml Wasser aufkochen, salzen und den Spinat darin zusammenfallen lassen. Spinat abgießen und abtropfen lassen.

4. In einem großen Topf 2 l Wasser aufkochen und 2 TL Salz hinzufügen. Die Bandnudeln hineingeben, einmal umrühren und nach Packungsangabe in ca. 8 Min. bissfest kochen.

5. Die Schalotte und den Knoblauch schälen und klein würfeln. In einer Pfanne die Margarine erhitzen, die Schalotte und den Knoblauch darin glasig dünsten. Den Spargel dazugeben und zugedeckt bei schwacher Hitze in 5 – 8 Min. bissfest schmoren, dabei zwischendurch umrühren. Alles mit Salz, Pfeffer und 1 Prise Zucker würzen. Den Spinat dazugeben. Gemüsebrühe und Pflanzensahne dazugießen und aufkochen. Mit Muskatnuss und ggf. noch einmal mit Salz und Pfeffer würzen.

6. Die Nudeln in ein Sieb abgießen, kurz abtropfen lassen und auf zwei Teller verteilen. Die Spinat-Spargel-Mischung über die Nudeln geben. Die Zitronen-Petersilien-Brösel darüberstreuen.

Frühlings-
erwachen
auf dem
Teller!

Ofentomaten-Pasta

Aromatische Nudelsauce vom Blech – yummi!

Zubereitungszeit: **ca. 35 Min.**
Backzeit: **ca. 1 Std.**
Pro Portion: **ca. 800 kcal**

Für 2 Personen
1 kg vollreife Tomaten
2 EL Rohrohrzucker
1 Zwiebel
2 Knoblauchzehen
1 frische rote Chilischote
25 g Cashewkerne
Salz | 1 EL Hefeflocken
3 EL Olivenöl | Pfeffer
1 TL getrockneter Thymian
250 g Spaghetti aus Hartweizengrieß
6 Stängel Basilikum
Außerdem:
Backpapier

1. Den Backofen auf 250° vorheizen. Die Tomaten waschen und die Stielansätze herausschneiden. Ein Blech mit Backpapier auslegen und mit Zucker bestreuen. Die Tomaten halbieren. Tomatenhälften mit den Schnittflächen nach unten auf das Backblech setzen. Im heißen Ofen ca. 30 Min. (oben) backen, bis die Tomatenhaut beginnt, schwarz zu werden.

2. Inzwischen die Zwiebel und die Knoblauchzehen schälen und fein hacken.

3. Die Chili waschen, putzen und längs aufschneiden. Die Kerne herausschaben, die Hälften in Würfel schneiden (Hände waschen!). Die Cashews anrösten und mit ½ TL Salz und den Hefeflocken zu »Parmesan« verarbeiten (s. S. 14).

4. Das Backblech aus dem Ofen nehmen. Den Ofen auf 170° herunterschalten. Mit einer Gabel die Haut von den Tomaten ablösen. Tomaten mit der Gabel zerdrücken, sodass ein grobes Püree entsteht. Zwiebel, Knoblauch und Chili darauf verteilen. Das Öl darüberträufeln. Mit Salz, Pfeffer und Thymian würzen und weitere 30 Min. im Ofen (Mitte) garen.

5. Inzwischen in einem großen Topf 2 l Wasser aufkochen und 2 TL Salz hinzufügen. Spaghetti hineingeben, einmal umrühren und nach Packungsangabe in ca. 8 Min. bissfest kochen.

6. Das Basilikum waschen und trocken schütteln. Blättchen abzupfen. Die Tomaten aus dem Ofen nehmen. Die Hälfte des Basilikums unterrühren. Die Sauce mit Salz und Pfeffer abschmecken. Spaghetti in ein Sieb abgießen und auf zwei Teller verteilen. Die Tomatensauce über die Nudeln geben. Mit übrigem Basilikum und »Parmesan« bestreuen.

Spaghetti »alla carbonara«

Lieblingspasta mit sahniger Sauce

Zubereitungszeit: **ca. 35 Min.**
Pro Portion: **875 kcal**

Für 2 Portionen
25 g Cashewkerne
Salz
2 EL Hefeflocken
250 g Spaghetti aus Hartweizengrieß
100 g Räuchertofu
1 Zwiebel
1 Knoblauchzehe
½ Bund glatte Petersilie
1 EL Olivenöl
250 g Pflanzensahne (s. S. 10)
Pfeffer
1 Spritzer Zitronensaft

1. Die Cashewkerne anrösten und dann mit ½ TL Salz und 1 EL Hefeflocken zu »Parmesan« verarbeiten (s. S. 14).

2. In einem großen Topf 2 l Wasser aufkochen, dann 2 TL Salz hinzufügen. Die Spaghetti hineingeben, einmal umrühren und die Nudeln nach Packungsangabe in ca. 8 Min. bissfest kochen.

3. Den Tofu in ½ cm große Würfel schneiden. Die Zwiebel und den Knoblauch schälen und fein würfeln. Die Petersilie waschen und trocken schütteln. Die Blättchen abzupfen und fein hacken.

4. In einer großen Pfanne das Öl erhitzen. Den Tofu darin 2 – 3 Min. unter ständigem Rühren bei starker Hitze anbraten, bis er knusprig wird. Zwiebel und Knoblauch dazugeben und in ca. 2 Min. bei schwächerer Hitze unter Rühren glasig dünsten.

5. Pflanzensahne zur Tofumischung gießen und alles kurz aufkochen. Umrühren und übrige Hefeflocken (1 EL) dazugeben. Die Sauce mit Salz, Pfeffer und Zitronensaft abschmecken. Die Petersilie unterrühren.

6. Die Spaghetti in ein Sieb abgießen und dabei ca. 100 ml von der Kochflüssigkeit auffangen. Die Nudeln mit der Sauce in der Pfanne mischen. Falls sie zu trocken sein sollten, etwas von dem Nudelwasser unterrühren. Die Spaghetti auf zwei Teller verteilen, mit »Parmesan« bestreuen und sofort servieren.

Lasagne mit Tofu-Bolognese

Lasagne mit Tofu-Bolognese

Italienischer Superstar kann auch vegan!

Zubereitungszeit: **ca. 1 Std.**
Einweichzeit: **ca. 12 Std.**
(am besten über Nacht)
Backzeit: **ca. 30 Min.**
Pro Portion: **ca. 980 kcal**

Für 2 Personen
90 g Cashewkerne
Salz
Pfeffer
1½ EL Hefeflocken
100 g Tofu
1 Zwiebel
1 Knoblauchzehe
1 EL Olivenöl
1 EL Sojasauce
1 Dose stückige Tomaten (400 g)
30 g Knollensellerie
1 kleine Möhre
1 Lorbeerblatt
1 TL Thymian
100 ml Gemüsebrühe (Instant)
2 EL vegane Margarine
2 EL Mehl
500 ml Pflanzenmilch (s. S. 10)
frisch geriebene Muskatnuss
150 g Lasagneblätter (ohne Vorkochen)
Außerdem:
Auflaufform (ca. 20 × 25 cm)
vegane Margarine zum Einfetten

1. Die Cashews ca. 12 Std. in 150 ml Wasser einweichen, am nächsten Tag nach dem Grundrezept (s. S. 12 / 13) mit Salz, Pfeffer, den Hefeflocken und 150 ml frischem Wasser zu »Käse« verarbeiten.

2. Den Tofu abtropfen lassen, auf einen tiefen Teller legen und mit der Gabel zerdrücken. Die Zwiebel und den Knoblauch schälen und fein hacken.

3. Das Öl in einer Pfanne erhitzen. Den Tofu darin unter Rühren bei starker Hitze in ca. 5 Min. knusprig braten (s. Foto oben links). Die Zwiebel und den Knoblauch dazugeben und bei schwächerer Hitze in ca. 5 Min. glasig dünsten. Mit Pfeffer würzen und mit Sojasauce ablöschen. Dann die Tofu-Zwiebel-Mischung weitere 2 – 3 Min. braten, bis sie eine bräunliche Farbe angenommen hat. Dann die Pfanne vom Herd nehmen.

4. Die stückigen Tomaten in einen Topf geben und langsam erhitzen. Währenddessen den Knollensellerie schälen, waschen und fein raspeln. Die Möhre putzen, schälen und in kleine Würfel schneiden. Sellerieraspel und Möhrenwürfel mit dem Lorbeerblatt zu den Tomaten geben. Tofu-Zwiebel-Mischung zugeben und unterrühren.

5. Die Tomaten-Tofu-Mischung mit Thymian, Salz und Pfeffer würzen und bei mittlerer Hitze aufkochen. Die Gemüsebrühe dazugießen und unterrühren. Die Bolognese-Sauce bei schwacher Hitze zugedeckt ca. 30 Min. köcheln lassen.

6. Für die Béchamelsauce die Margarine in einem Topf zerlassen. Das Mehl darüberstäuben und kurz andünsten, dabei mit dem Schneebesen kräftig rühren, damit sich keine Klümpchen bilden. Dann die Pflanzenmilch nach und nach unterrühren. Die Béchamel offen unter ständigem Rühren bei schwacher Hitze ca. 2 Min. köcheln lassen und mit Salz, Pfeffer und Muskatnuss abschmecken.

7. Den Backofen auf 200° vorheizen. Das Lorbeerblatt aus der Tofu-Bolognese entfernen. 1 Kelle Béchamelsauce auf dem Boden der Auflaufform verteilen. Dann abwechselnd Lasagneblätter, Tofu-Bolognese und Béchamelsauce einschichten. Alles mit einer Schicht Lasagneblätter abschließen. Die übrige Béchamelsauce darauf verteilen und mit Cashewkäse bestreichen (s. Foto oben rechts). Lasagne im heißen Ofen (Mitte) ca. 30 Min. backen. Dann aus dem Ofen nehmen und vor dem Anschneiden am besten noch 5–10 Min. ruhen lassen.

SOMMER-VARIANTE: MEDITERRANE GEMÜSESAUCE

Für 2 Personen: Statt mit Tofu-Bolognese die Lasagne mit einer mediterranen Gemüsesauce zubereiten. Dafür **1 Zwiebel** und **1 Knoblauchzehe** schälen und würfeln. **100 g Zucchini** und **100 g Auberginen** putzen, waschen und würfeln. **40 g getrocknete, in Öl eingelegte Tomaten** abtropfen lassen und klein schneiden. Zwiebel und Knoblauch in **1 EL Olivenöl** glasig dünsten, Zucchini-, Auberginen- und Tomatenwürfel dazugeben und ca. 5 Min. bei stärkerer Hitze unter Rühren anbraten. Alles mit **Salz, Pfeffer** und **1 EL italienischen TK-Kräutern** würzen. **400 g stückige Tomaten** (aus der Dose) dazugeben. Die Gemüsesauce statt der Tofu-Bolognese wie beschrieben mit Béchamelsauce und Lasagneblättern in die Auflaufform schichten, mit Cashewkäse bestreichen. Lasagne im vorgeheizten Ofen bei 200° ca. 30 Min. (Mitte) backen.

Risotto bianco
mit Rucola-Mandel-Pesto

veganer Traum in Grün und Weiß

Zubereitungszeit: **ca. 45 Min.**
Pro Portion: **ca. 780 kcal**

Für 2 Personen
40 g Rucola
2 Knoblauchzehen
40 g Mandelstifte*
4 – 5 EL Olivenöl
1 TL Zitronensaft
Salz | Pfeffer
2 Schalotten
200 g Pastinaken
2 EL vegane Margarine
150 g Risottoreis (z. B. Arborio)
75 ml trockener Weißwein
ca. 500 ml heiße Gemüsebrühe (Instant)

Wenn Du magst, kannst Du stattdessen auch Pinien-
oder Cashewkerne nehmen.

1. Für das Pesto den Rucola verlesen, gut
   waschen und trocken schütteln. Die Stiele abschneiden. Die Rucolablätter grob
   zerkleinern. 1 Knoblauchzehe schälen
   und halbieren. Die Mandelstifte in einer
   Pfanne ohne Fett rösten, bis sie zu duften
   anfangen. Die Mandeln sofort aus der
   Pfanne nehmen und grob hacken.

2. Rucola, Mandeln, Öl, Zitronensaft und
   die Knoblauchhälften in einen hohen
   Rührbecher geben. Alles mit 1 Prise Salz
   und 1 kräftigen Prise Pfeffer würzen und
   mit dem Pürierstab pürieren. Das Pesto
   soll eine cremige Konsistenz haben.

3. Die Schalotten und die übrige Knoblauchzehe schälen und würfeln. Die
   Pastinaken putzen, schälen, waschen
   und in 1 cm große Würfel schneiden.

4. 1 EL Margarine erhitzen. Die Schalotten
   und den Knoblauch darin glasig dünsten.
   Den Risottoreis einstreuen und unter
   ständigem Rühren in ca. 1 Min. glasig
   werden lassen. Den Wein dazugießen
   und bei schwacher Hitze vollständig
   einkochen lassen. Die Pastinakenwürfel
   hinzufügen und unterrühren. Nach und
   nach bei schwacher Hitze unter Rühren
   die heiße Gemüsebrühe angießen. Nach
   ca. 20 Min. sollte der Reis schön cremig
   sein, aber noch »Biss« haben.

5. Am Schluss die restliche Margarine (1 EL)
   unterrühren und alles noch einmal mit
   Salz und Pfeffer abschmecken. Risotto
   auf zwei Teller verteilen und mit dem
   Rucola-Mandel-Pesto anrichten.

Knusper-Tofu
mit Apfel-Curry-Sauce

Mit dem besonderen Crunch!

Zubereitungszeit: **ca. 45 Min.**
Pro Portion: **ca. 600 kcal**

Für 2 Personen
200 g Tofu | 2 EL Sojasauce
2 TL Currypulver
80 g Cornflakes
3 EL Mehl (30 g)
2 Zwiebeln | 1 Apfel
2 EL neutrales Öl
100 g Pflanzensahne (s. S. 10)
100 g Sojaghurt
gut 1 TL Speisestärke
1 EL Agavendicksaft
Salz | Pfeffer

1. Tofu abtropfen lassen und waagerecht in drei Scheiben schneiden. Die Scheiben diagonal in Dreiecke teilen, auf beiden Seiten mit Sojasauce bestreichen, mit 1 TL Currypulver bestäuben und den Tofu mindestens 15 Min. ziehen lassen.

2. Inzwischen für die Panade die Cornflakes in einen Gefrierbeutel geben und mit dem Nudelholz oder mit den Händen grob zerbröseln. (Die Brösel sollten etwas größer sein als Semmelbrösel.) Die Brösel auf einen flachen Teller geben.

3. Das Mehl mit 3 EL Wasser mit einem Schneebesen glatt rühren, dann die Mischung in einen tiefen Teller geben.

4. Die Zwiebeln schälen, halbieren und in Streifen schneiden. Den Apfel waschen und vierteln. Die Viertel entkernen und in dünne Scheiben schneiden.

5. In einer Pfanne 1 EL Öl erhitzen und die Zwiebeln darin unter Rühren glasig dünsten. Die Apfelscheiben hinzufügen und bei schwacher Hitze in ca. 5 Min. offen unter Rühren bissfest schmoren. Pflanzensahne, Sojaghurt und Speisestärke verrühren, dazugeben und alles aufkochen. Übriges Currypulver und Agavendicksaft unterrühren. Sauce salzen und pfeffern und warm halten.

6. Die Tofu-Ecken zunächst in der Mehlmischung wenden, dann in den Cornflakesbröseln, dabei die Panade ein wenig andrücken. In einer beschichteten Pfanne das restliche Öl (1 EL) erhitzen und die panierten Tofuscheiben auf beiden Seiten bei mittlerer Hitze in 5 – 8 Min. goldbraun braten. Den Tofu mit der Apfel-Curry-Sauce anrichten. Dazu schmecken Reis und grüner Salat.

Scharfe Soja-Gemüse-Pfanne

hot and spicy

Zubereitungszeit: **ca. 45 Min.**
Pro Portion: **ca. 550 kcal**

Für 2 Personen
360 ml Gemüsebrühe
60 g Sojaschnetzel
1 Zwiebel | 2 Knoblauchzehen
1 Chilischote
200 g Bambussprossen (aus der Dose)
1 rote Paprikaschote
2 EL neutrales Öl
2 EL Sojasauce
2 TL Sambal Oelek
1 TL edelsüßes Paprikapulver
Salz | Pfeffer
100 g Sojasahne
2 EL Erdnussmus
3 Stängel Koriandergrün

1. Die Gemüsebrühe erhitzen. Die Sojaschnetzel in eine Schüssel geben, mit 180 ml heißer Brühe übergießen und in ca. 15 Min. ausquellen lassen.

2. Inzwischen Zwiebel und Knoblauch schälen und hacken. Chili waschen, putzen und längs aufschneiden. Die Kerne herausschaben, die Hälften sehr klein würfeln (Hände waschen!) und dazugeben. Die Sprossen in ein Sieb abgießen und abtropfen lassen.

3. Die Paprika längs halbieren und von Stielansatz, weißen Trennwänden und Samen befreien. Die Hälften waschen und in Streifen schneiden.

4. In einer Pfanne 1 EL Öl erhitzen. Die gequollenen Sojaschnetzel in einem Sieb abtropfen lassen, dann ca. 5 Min. im Öl bei starker Hitze anbraten. Zwiebel und Knoblauch dazugeben, bei schwächerer Hitze unter Rühren glasig dünsten. Das übrige Öl (1 EL) unterrühren, Chili und Paprika dazugeben und ca. 3 Min. bei stärkerer Hitze unter Rühren mitbraten.

5. Die Bambussprossen untermischen. Die Sojasauce und das Sambal Oelek unterrühren. Alles mit Paprikapulver, Salz und Pfeffer würzen. Die restliche Gemüsebrühe (180 ml) dazugießen und aufkochen. Alles zugedeckt ca. 8 Min. bei schwacher Hitze köcheln lassen.

6. Die Pflanzensahne dazugießen und untermischen. Dann das Erdnussmus unterrühren, sodass alles schön cremig wird. Soja-Gemüse-Mischung mit Salz und Pfeffer abschmecken. Den Koriander waschen und trocken schütteln. Die Blättchen abzupfen und unterrühren. Alles zugedeckt noch ca. 5 Min. ziehen lassen. Dazu schmeckt Basmatireis.

Seitan-Geschnetzeltes

schnell gemacht und vega-lecker

Zubereitungszeit: **ca. 35 Min.**
Pro Portion: **ca. 385 kcal**

Für 2 Personen
200 g Seitan
300 g Champignons
3 Schalotten
1 Knoblauchzehe
1 EL neutrales Öl
2 EL vegane Margarine
Salz
Pfeffer
2 TL Mehl
50 ml Weißwein
100 ml Gemüsebrühe
100 g Pflanzensahne (s. S. 10)
3 Stängel Petersilie

1. Den Seitan in ca. 2 cm lange Streifen schneiden. Die Pilze mit Küchenpapier sauber abreiben. Kleine Champignons ganz lassen, große vierteln oder halbieren. Die Schalotten und den Knoblauch schälen und sehr fein hacken.

2. In einer Pfanne das Öl erhitzen und die Seitanstreifen darin bei mittlerer Hitze ca. 3 Min. von allen Seiten anbraten – aber nicht zu lange, da Seitan schnell hart wird. Die Seitanstreifen aus der Pfanne nehmen und beiseitestellen.

3. In derselben Pfanne 1 EL Margarine erhitzen und die Champignons darin unter ständigem Rühren ca. 5 Min. anbraten. Pilze mit Salz und Pfeffer würzen. Aus der Pfanne nehmen.

4. Anschließend die Pfanne säubern. Die restliche Margarine (1 EL) darin erhitzen und die Schalotten und den Knoblauch darin glasig dünsten. Das Mehl darüberstäuben und weiterrühren, bis sich das Mehl mit dem Fett verbunden hat. Dann zunächst den Weißwein, dann nach und nach die Gemüsebrühe und die Pflanzensahne dazugießen, dabei kräftig rühren, damit sich keine Klümpchen bilden.

5. Die Sauce offen bei schwacher Hitze 3 – 5 Min. köcheln lassen, dabei immer wieder umrühren. Sie sollte nicht flüssig, aber auch nicht zu sämig sein.

6. Wenn die Sauce schön cremig ist, die Champignons und die Seitanstreifen wieder zurück in die Pfanne geben und in der Sauce unter Rühren erhitzen. Die Seitan-Pilz-Mischung mit Salz und Pfeffer abschmecken. Die Petersilie waschen und trocken schütteln. Die Blättchen abzupfen, fein hacken und über das Seitan-Geschnetzelte streuen. Dazu schmecken Rösti oder Bandnudeln.

Funktioniert
auch mal mit
Räuchertofu!

Potato-Crush mit Veganaise

genial einfach

Zubereitungszeit: **ca. 30 Min.**
Backzeit: **ca. 25 Min.**
Pro Portion: **ca. 340 kcal**

Für 2 Personen
500 g mehligkochende Kartoffeln
2 TL Senfkörner
je 1 TL Fenchel- und Koriandersamen
6 schwarze Pfefferkörner | Salz
2 EL Olivenöl
150 g Seidentofu
100 g Sojaghurt
3 – 4 EL Gurkenwasser (von klassisch
    eingelegten Gurken)*
2 – 3 EL Zitronensaft
1 TL mittelscharfer Senf
Zucker
je 3 Stängel Dill und Petersilie
½ Bund Schnittlauch
Pfeffer
Außerdem:
Mörser und Stößel
Backpapier

*Wenn Du gerade kein Glas mit Gewürzgurken oder Cornichons zur Hand hast, kannst Du statt Gurkenwasser auch 1 EL Weißweinessig nehmen.

1. Kartoffeln unter fließendem Wasser mit der Gemüsebürste abbürsten und bei mittlerer Hitze in ca. 25 Min. gar kochen.

2. Inzwischen die Senfkörner mit den Fenchelsamen, den Koriandersamen und den Pfefferkörnern mischen und mit ½ TL Salz im Mörser grob zerstoßen. Die Gewürzmischung in eine kleine Schüssel geben und mit dem Öl verrühren.

3. Den Seidentofu in einem Sieb abtropfen lassen, dann mit Sojaghurt, Gurkenwasser, Zitronensaft, Senf und 1 Prise Zucker in einen hohen Rührbecher geben. Alles mit dem Pürierstab cremig pürieren.

4. Den Backofen auf 220° vorheizen. Ein Blech mit Backpapier auslegen und die gegarten Kartoffeln mit Schale daraufle- gen. Jede Kartoffel mit der Handfläche vorsichtig bis zur Hälfte flach drücken. Dabei sollten die Kartoffeln nicht aus- einanderfallen. Die Gewürzmischung auf die Kartoffeln streichen und andrücken. Die Kartoffeln im heißen Ofen (oben) in ca. 25 Min. goldbraun backen.

5. Dill, Petersilie und Schnittlauch waschen und trocken schütteln. Die Dillspitzen und Petersilienblättchen abzupfen und fein hacken. Den Schnittlauch in Röll- chen schneiden. Die Kräuter unter die Seidentofu-Veganaise rühren und die Veganaise mit Salz und Pfeffer würzen. Zu den Kartoffeln servieren.

Lauch-Flamm-kuchen

Lauch-Flammkuchen

warm und knusprig genießen

Zubereitungszeit: **ca. 45 Min.**
Ruhezeit: **mindestens 1 Std.**
Backzeit: **ca. 20 Min.**
Pro Portion (bei 4): **ca. 430 kcal**

Für 1 Backofenblech
¼ Würfel Hefe (10 g)
ca. 250 g Mehl
knapp 1 EL Zucker
Salz
5 EL Olivenöl
100 g Sojaghurt
100 g Sojasahne
Pfeffer
1 Zwiebel
1 Stange Lauch (ca. 200 g)
Kräutersalz
50 g Räuchertofu
1 EL Sojasauce
½ Bund Schnittlauch
Außerdem:
Mehl zum Arbeiten

1. Für den Teig die Hefe in einer kleinen Schüssel zerbröckeln und mit 125 ml lauwarmem Wasser, 1 EL Mehl und Zucker verrühren, bis sich die Hefe aufgelöst hat. Ca. 15 Min. stehen lassen.

2. Dann das übrige Mehl in eine Schüssel sieben und mit ½ TL Salz mischen. 3 EL Öl und die Hefemischung dazugeben. Alles zunächst mit den Knethaken des Handrührgeräts, dann mit den Händen zu einem glatten, geschmeidigen Teig verkneten (s. Foto oben links). Den Teig zu einer Kugel formen, und in der Schüssel zugedeckt an einem warmen Ort mindestens 1 Std. gehen lassen.

3. Für den Belag den Sojaghurt und die Sojasahne mit dem Schneebesen glatt rühren und mit Salz und Pfeffer kräftig abschmecken. Die Zwiebel schälen, halbieren und in feine Streifen schneiden. Den Lauch putzen, gründlich waschen und in dünne Ringe schneiden.

4. In einer Pfanne 1 EL Öl erhitzen und die Zwiebelstreifen und den Lauch darin ca. 2 Min. andünsten. Mit Kräutersalz und Pfeffer würzen, herausnehmen.

5. Den Räuchertofu in ½ cm große Würfel schneiden. Die Pfanne säubern und das restliche Öl (1 EL) darin erhitzen. Die Tofuwürfel darin ca. 5 Min. anbraten. Mit Sojasauce ablöschen. Die Pfanne vom Herd nehmen und beiseitestellen.

6. Den Backofen auf 230° vorheizen. Ein Blech mit Backpapier auslegen. Den aufgegangenen Teig aus der Schüssel nehmen und mit den Händen auf einer bemehlten Arbeitsfläche noch einmal kräftig durchkneten. Klebt der Teig noch zu sehr, etwas Mehl unterkneten.

7. Dann den Teig möglichst dünn in Blechgröße ausrollen (s. Foto oben rechts) und auf das Blech legen. Die Sojaghurt-Mischung gleichmäßig auf dem Teig verstreichen und dann die Lauch-Zwiebel-Mischung darauf verteilen. Die Tofuwürfel darüberstreuen.

8. Den Flammkuchen im heißen Backofen (Mitte) in ca. 20 Min. knusprig backen. Den Schnittlauch waschen, gut trocken schütteln und in Röllchen schneiden. Den fertigen Flammkuchen aus dem Ofen nehmen und mit Schnittlauch bestreuen.

VARIANTE: KARTOFFEL-PILZ-FLAMMKUCHEN

Für 1 Backofenblech: Teig wie beschrieben zubereiten. Je 100 g Sojaghurt und Sojasahne verrühren, mit Salz und Pfeffer würzen. 1 Bund gemischte Kräuter (z. B. Petersilie, Schnittlauch) waschen, trocken schütteln, hacken und unterrühren. 200 g Kartoffeln schälen, waschen und in Scheiben hobeln. In kochendem Salzwasser ca. 3 Min. garen, abgießen und abkühlen lassen. Dann mit der Sojaghurt-Mischung verrühren. 2 rote Zwiebeln schälen, halbieren und in Streifen schneiden. Teig auf einer bemehlten Arbeitsfläche ausrollen und auf ein mit Backpapier belegtes Blech legen. Kartoffelmasse und Zwiebeln darauf verteilen. 150 g Kräuterseitlinge trocken abreiben, klein schneiden und daraufgeben. Flammkuchen im vorgeheizten Ofen (Mitte) bei 230° in ca. 20 Min. knusprig backen.

SÜSS-KRAM

Brownies mit Mango-Eis

saftig, cool und herrlich schokoladig

Zubereitungszeit: **ca. 40 Min.**
Gefrierzeit: **ca. 4 Std. 45 Min.**
Backzeit: **ca. 40 Min.**
Pro Stück: **ca. 295 kcal**

Für 16 Brownies
1 reife Mango (ca. 300 g)
½ Bio-Zitrone
1 – 2 EL Agavendicksaft
200 g Sojasahne
100 g Zartbitterschokolade
250 g Mehl | 250 g Rohrohrzucker
60 g dunkles Kakaopulver (Backkakao)
1 Pck. Vanillezucker | 1 geh. TL Backpulver
125 ml Sojamilch
125 ml Ahornsirup
125 ml Sonnenblumenöl
125 ml Apfelsaft
Außerdem:
Back- oder Auflaufform (ca. 22 × 30 cm)
Backpapier

1. Die Mango schälen. Das Fruchtfleisch bis zum Stein rundherum abschneiden. Die Zitronenhälfte heiß waschen und abtrocknen. Die Schale fein abreiben. Den Saft auspressen. Mango mit Agavendicksaft und Zitronensaft in einem hohen Rührbecher mit dem Pürierstab fein pürieren. Zitronenschale und Sojasahne mit dem Schneebesen unterrühren.

2. Die Masse in eine große Metallschüssel (ca. 1 l) füllen und ins Gefrierfach geben. Beginnt die Masse am Rand 1 – 3 cm zu gefrieren (nach ca. 1½ Std.), alles mit einem Schneebesen kräftig durchrühren, sodass sich das Eis am Rand wieder löst und eine geschmeidige luftige Masse entsteht. Diesen Vorgang während der Gefrierzeit zwei- bis dreimal wiederholen.

3. Den Backofen auf 180° vorheizen. Die Schokolade mit einem Messer oder Wiegemesser hacken. In einer Rührschüssel Mehl, Zucker, Kakao, Vanillezucker und Backpulver mischen. In einer zweiten Schüssel die Sojamilch mit Ahornsirup, Öl und Apfelsaft verrühren. Die Milch-Sirup-Mischung mit dem Handrührgerät auf höchster Stufe ca. 2 Min. unter die Mehlmischung rühren. Die Schokolade unterheben.

4. Die Form mit Backpapier auslegen. Den Teig hineingeben, glatt streichen und im heißen Ofen (Mitte) ca. 40 Min. backen. Herausnehmen, auskühlen lassen und in 16 kleine Rechtecke schneiden. 20 Min. vor dem Servieren das Mango-Eis aus dem Gefrierfach nehmen. Zum Anrichten daraus mit zwei Löffeln kleine Kugeln oder Nocken formen und diese mit den Brownies servieren.

Heidelbeer-Muffins

Heidelbeer-Muffins

fluffig-fruchtige Törtchen mit knackiger Mandelkruste

Zubereitungszeit: **ca. 35 Min.**
Backzeit: **ca. 25 Min.**
Pro Stück: **ca. 255 kcal**

Für 6 Muffins
Für die Mandelkruste:
40 g Mandelkerne
½ TL Zimtpulver
2 EL Agavendicksaft
Für die Muffins:
125 g Heidelbeeren
150 g Mehl
1 EL Speisestärke
60 g Rohrohrzucker
Salz
1 TL Natron (s. Info)
1 TL Backpulver
2 EL vegane Margarine
3 EL Sojasahne
150 g Sojaghurt
1 EL Zitronensaft
1 TL Vanillearoma (Backregal)
Außerdem:
Muffinblech
vegane Margarine zum Einfetten

1. Für die Mandelkruste die Mandeln mit einem Messer oder Wiegemesser hacken. In einem hohen Rührbecher die Mandeln mit Zimt und Agavendicksaft mit dem Pürierstab zu einer grobkörnigen Paste verarbeiten (s. oben links). Sollte die Paste zu trocken sein, noch 1 EL Wasser untermixen. Paste beiseitestellen.

2. Für die Muffins die Heidelbeeren in einem Sieb kurz abbrausen, verlesen und abtropfen lassen. Das Mehl in eine Schüssel sieben. Mit einem Schneebesen die Speisestärke und den Zucker unter das Mehl rühren. Alles mit 1 Prise Salz, Natron und Backpulver mischen.

Warum und wieso …

… nimmt man hier eigentlich Natron zum Backen? Das Pulver dient wie Backpulver als Triebmittel. In Verbindung mit Feuchtigkeit und Zucker bildet es Kohlendioxid, das den Teig besonders locker werden lässt. Und wenn Du – wie in diesem Rezept – zusätzlich Backpulver hinzufügst, geht der Teig noch besser auf.

3. Den Backofen auf 200° vorheizen. Die Margarine in einem kleinen Topf bei niedriger Temperatur schmelzen

4. In einer Rührschüssel mit dem Handrührgerät die Sojasahne mit dem Sojaghurt, dem Zitronensaft, dem Vanillearoma und der geschmolzenen Margarine verrühren. Dann die Mehl-Zucker-Mischung zügig unterrühren. Falls der Teig zu fest werden sollte, noch 2 EL Wasser dazugeben. Mit einem Esslöffel zwei Drittel der Heidelbeeren vorsichtig untermengen (s. oben rechts), dabei darauf achten, dass die Beeren nicht aufplatzen.

5. Sechs Mulden des Muffinblechs einfetten und den Teig hineinfüllen. Die übrigen Heidelbeeren daraufstreuen. Die Muffins im heißen Backofen (Mitte) ca. 10 Min. backen. Dann mit einem Teelöffel die Mandelpaste auf die Muffins geben.

6. Die Muffins weitere 15 Min. im Backofen backen. Danach die Stäbchenprobe machen: Wenn kein Teig mehr an einem hineingesteckten Holzstäbchen haften bleibt, sind die Muffins fertig. Muffins aus dem Ofen nehmen, abkühlen lassen und dann aus der Form lösen.

VARIANTE: BANANEN-WALNUSS-MUFFINS

Für 6 Muffins: 125 g Walnusskerne mit dem Pürierstab fein zerkleinern. 150 g Mehl mit 5 EL Sojamehl, 1 TL Backpulver, 1 TL Natron, ½ TL Zimt und 1 Prise Salz mischen. 2 weiche Bananen schälen, klein schneiden und mit 60 g Rohrohrzucker mit dem Handrührgerät auf höchster Stufe ca. 3 Min. verrühren. 2 EL weiche vegane Margarine und 1 TL Vanilleextrakt dazugeben und alles schaumig aufschlagen. Walnüsse unterrühren. Mehlmischung unterheben. Alles zu einem Teig verrühren. Sechs Mulden des Muffinblechs einfetten und mit dem Teig füllen. 6 Walnusshälften grob hacken und in die Teigoberfläche drücken. Die Muffins in 20 – 25 Min. im vorgeheizten Ofen (Mitte) bei 190° goldbraun backen, abkühlen lassen und aus der Form lösen.

Schoko-Mandel-Pralinen

machen im Nu glücklich

Zubereitungszeit: **ca. 50 Min.**
Kühlzeit: **ca. 1 Std.**
Pro Stück: **ca. 105 kcal**

Für 12 Stück
40 g gehackte Mandeln
40 g getrocknete Datteln
100 g Zartbitterkuvertüre
1 EL vegane Margarine
35 g Puderzucker
30 g gemahlene Mandeln

1. Die gehackten Mandeln in einer Pfanne ohne Fett goldgelb rösten, bis sie anfangen zu duften. Dann sofort aus der Pfanne nehmen und auf einen Teller geben, damit sie nicht nachbräunen.

2. Die Datteln entsteinen und in einem hohen Rührbecher mit dem Pürierstab zerkleinern, bis eine möglichst feine und zähe Paste entstanden ist.

3. Die Kuvertüre mit einem Messer oder Wiegemesser hacken. Einen Topf zur Hälfte mit Wasser füllen. Das Wasser erhitzen, aber nicht aufkochen. Ein passendes Schälchen auf den Topf setzen. Die gehackte Kuvertüre hineingeben und über dem heißen Wasserbad schmelzen, dabei immer mal wieder umrühren und darauf achten, dass kein Kochwasser in die Kuvertüre gelangt.

4. Die Margarine zur Kuvertüre geben und mit einem Löffel gut verrühren, bis die Margarine geschmolzen ist. Die Kuvertüremischung vom Wasserbad nehmen, den Puderzucker vollständig unterrühren. Dann die gemahlenen Mandeln unterrühren. Die Dattelpaste dazugeben und mit einer Gabel einarbeiten, sodass eine gleichmäßige cremige Masse entsteht.

5. Aus der Schokomasse mit den Händen walnussgroße Kugeln formen. Die Kugeln in den gerösteten Mandeln wälzen und auf einem flachen Teller ablegen. Die Pralinen für ca. 1 Std. in den Kühlschrank stellen, dann genießen.

So schmeckt's auch

Statt Datteln kannst Du auch mal getrocknete Feigen oder Cranberrys nehmen. Die gemahlenen Mandeln lassen sich gut durch gemahlene Haselnüsse ersetzen, und zum Wälzen eignen sich auch gehackte, geröstete Haselnüsse oder Kokosraspeln.

Vorsicht, Suchtgefahr!
Die feinen Törtchen
schmecken einfach
nach mehr ...

Schoko-Himbeer-Törtchen

immer eine Sünde wert

Zubereitungszeit: **ca. 30 Min.**
Kühlzeit: **ca. 1 Std.**
Pro Stück: **ca. 360 kcal**

Für 4 Törtchen
60 g Oreo-Kekse (ersatzweise andere vegane Kekse)*****
40 g vegane Margarine
125 g Zartbitterschokolade
1 Vanilleschote
250 g Seidentofu | 1 EL Zucker
100 g Himbeeren
1 Stängel Minze
Außerdem:
4 Dessertringe (ca. 7 cm Ø)

* Oreo-Kekse gibt es in fast jedem Supermarkt. Sie werden einschließlich der Creme aus veganen Zutaten hergestellt. Du solltest für dieses Rezept aber trotzdem die Creme entfernen, da sie sich nicht so gut für den Törtchenboden eignet.

1. Die Kekse teilen und die Creme so gut wie möglich entfernen. Kekse dann in einen Gefrierbeutel geben und mit den Händen oder einem Nudelholz sehr fein zerbröseln. Die Margarine in einem Topf schmelzen und mit den Keksbröseln vermengen. Die Dessertringe jeweils auf einem Teller platzieren. Keksmasse einfüllen und mit den Fingern andrücken.

2. Die Schokolade mit einem Messer oder einem Wiegemesser hacken. Einen Topf etwa zur Hälfte mit Wasser füllen. Das Wasser erhitzen, aber nicht aufkochen. Ein passendes Schälchen auf den Topf setzen. Die gehackte Schokolade hineingeben und über dem heißen Wasserbad schmelzen, dabei die Schokolade immer mal wieder umrühren.

3. Inzwischen die Vanilleschote längs aufschneiden und das Mark herauskratzen. Seidentofu abtropfen lassen, dann in einen hohen Rührbecher geben. Das Vanillemark und den Zucker dazugeben und alles fein pürieren. Geschmolzene Schokolade dazugeben und unterrühren. Die Schokoladenmasse auf die Keksmasse in die Dessertringe geben.

4. Die Himbeeren in einem Sieb kurz kalt abbrausen, trocken tupfen und in die Schokomasse stecken. Die Törtchen für ca. 1 Std. in den Kühlschrank stellen.

5. Mit einem Messer den fest gewordenen Törtchenboden vom Teller lösen. Den Törtchenrand rundherum ebenfalls vorsichtig mit dem Messer lösen. Dessertring abheben. Die Minze waschen und gut trocken schütteln, die Blättchen abzupfen. Die Törtchen damit garnieren.

American Pancakes

Hochstapler mit Orangensirup

Zubereitungszeit: **ca. 55 Min.**
Pro Stück: **ca. 220 kcal**

Für 8 Stück
1 Bio-Orange | 150 ml Orangensaft
100 ml Ahornsirup
225 g Mehl
2 TL Backpulver | Salz
1 ½ EL vegane Margarine
375 ml Sojamilch
1 ½ TL Apfelessig
2 EL Rohrohrzucker
2 EL neutrales Öl

1. Die Orange heiß waschen und gut abtrocknen. Die Schale fein abreiben- und den Saft auspressen. Den Saft mit dem zusätzlichen Orangensaft und dem Ahornsirup in einen kleinen Topf geben. Die Mischung erhitzen und bis auf die Hälfte zu einem Sirup einkochen.

2. Das Mehl in eine Schüssel sieben und mit dem Backpulver und 1 Prise Salz mischen. Die Margarine schmelzen.

3. In einer Rührschüssel die Sojamilch, den Apfelessig und den Rohrohrzucker mit dem Handrührgerät schaumig aufschlagen. Die flüssige Margarine unterrühren. (Die Sojamilch flockt dabei etwas aus.)

4. Dann nach und nach die Mehlmischung unterrühren, bis ein glatter Teig entsteht.

5. Den Backofen auf 50° vorheizen. Eine kleine beschichtete Pfanne (ca. 15 cm Ø) erhitzen. Den Pfannenboden mit 1 TL Öl einpinseln. Ca. 2 – 3 EL Teig in die Pfanne geben und mit dem Rücken eines Löffels glatt streichen, sodass der Boden der Pfanne vollständig mit Teig bedeckt ist. Den Pfannkuchen mit ca. ½ TL abgeriebener Orangenschale bestreuen und bei mittlerer Hitze 2 – 3 Min. backen.

6. Wenn sich auf der Oberseite die ersten Bläschen bilden und die Unterseite leicht braun und trocken wird, den Pancake mit einem Pfannenwender wenden und dann weitere 2 – 3 Min. backen, bis auch die zweite Seite leicht braun und trocken ist. Den fertigen Pancake aus der Pfanne nehmen und im Backofen warm halten. Auf dieselbe Art noch sieben Pancakes jeweils in wenig Öl backen.

7. Wenn alle Pfannkuchen gebacken sind, die Pancakes aus dem Ofen nehmen. Auf einem Teller daraus einen schönen Turm bauen und diesen mit etwas Orangensirup beträufeln. Die Pancakes sofort und möglichst warm servieren und den restlichen Sirup mit auf den Tisch stellen.

Die gehen immer: morgens, abends und zwischen- durch auch.

Kokos-Panna Cotta mit Erdbeersauce

Ein Traum zum Vernaschen!

Zubereitungszeit: **ca. 25 Min.**
Kühlzeit: **ca. 2 Std.**
Pro Portion: **ca. 330 kcal**

Für 2 Personen
½ Vanilleschote
½ Bio-Limette
250 g Kokosmilch | 2 EL Zucker
½ TL Agar-Agar
200 g Erdbeeren | 2 EL Puderzucker
1 Stängel Minze

1. Aus der Vanilleschotenhälfte das Mark herauskratzen. Die Limettenhälfte heiß waschen und abtrocknen. ½ TL Schale fein abreiben. Den Saft auspressen.

2. Die Kokosmilch mit dem Vanillemark und der ausgekratzten Schote in einen Topf geben. Den Zucker und die Limetten-schale unterrühren, einmal aufkochen, glatt rühren und dann bei schwächerer Hitze ca. 10 Min. köcheln lassen.

3. Agar-Agar mit 2 EL Wasser verrühren und mit dem Schneebesen unter die Kokos-Mischung rühren und alles ca. 2 Min. köcheln lassen. Anschließend vom Herd nehmen und leicht abkühlen lassen.

4. Die Vanilleschote entfernen. Die Creme in zwei Schälchen oder Gläser gießen, dabei die Gläser nur zur Hälfte füllen, damit später noch die Erdbeersauce hineinpasst. Die Panna Cotta etwas abkühlen und anschließend im Kühl-schrank in ca. 2 Std. fest werden lassen.

5. Die Erdbeeren waschen und von den Blütenkelchen befreien. Die Beeren grob zerkleinern, mit knapp 2 EL Puderzucker in einen hohen Rührbecher geben und mit dem Pürierstab fein pürieren. Dann 1–2 TL Limettensaft unterrühren. Die Erdbeersauce nochmals abschmecken.

6. Die Minze waschen und gut trocken schütteln, die Blättchen abzupfen. Die Erdbeersauce auf der Kokos-Panna Cotta verteilen und das Dessert mit Minzeblätt-chen garnieren. Sofort servieren.

So schmeckt's auch

Anstelle der Kokosmilch kannst Du auch 250 g Pflanzensahne nehmen und statt Zitrone ½ Limette. Ansons-ten die Panna Cotta genauso zuberei-ten, wie oben im Rezept beschrieben.

Auch mit Sommer-
beeren unglaublich
gut!

Damit Du Rezepte noch schneller findest, sind in diesem Register auch beliebte Hauptzutaten wie **Auberginen** oder **Seitan** alphabetisch eingeordnet und hervorgehoben. Darunter oder daneben findest Du das Rezept Deiner Wahl.

Konzept und Projektleitung: Alessandra Redies
Lektorat: Susanne Bodensteiner
Korrektorat: Susanne Elbert
Layout, Typografie und Umschlaggestaltung: independent Medien-Design, Horst Moser, München
Illustrationen: Julia Hollweck
Herstellung: Petra Roth
Satz: L42 Media Solutions, Berlin
Reproduktion: medienprinzen GmbH, München
Druck und Bindung: PRINTER TRENTO S.r.l., Trento
Syndication: www.jalag-syndication.de

1. Auflage 2015
ISBN 978-3-8338-4309-9

 www.facebook.com/gu.verlag

Die Autorin

Hildegard Möller war nach ihrem Studium Inhaberin und Küchenchefin zweier Gastronomiebetriebe in Münster. In dieser Zeit standen vor allem vegetarische und vegane Gerichte auf ihrem Küchenzettel. Seit einigen Jahren übt die Ökotrophologin ihr kreatives Handwerk am Schreibtisch aus. Als Kochbuchautorin und Food-Journalistin schreibt und kocht sie mit Leidenschaft für verschiedene Verlage und Zeitungen. In ihrer Freizeit sammelt die passionierte Südeuropa-Reisende mit Vorliebe Rezepte rund ums Mittelmeer.

Die Fotografin

Coco Lang fotografiert Food und Stills in München. Die veganen Rezepte für dieses Buch hat sie mit Foodstylist Sven Dittmann und Assistentin Alina Neumeier stimmungsvoll in Szene gesetzt. Die Bildbearbeitung machte SONGVAN.

Backofenhinweis:

Die Backzeiten können je nach Herd variieren. Die Temperaturangaben in unseren Rezepten beziehen sich auf das Backen im Elektroherd mit Ober- und Unterhitze und können bei Gasherden oder Backen mit Umluft abweichen. Details entnehmen Sie bitte Ihrer Gebrauchsanweisung.

QUALITÄTS G|U GARANTIE

Liebe Leserin, lieber Leser,

haben wir Ihre Erwartungen erfüllt? Sind Sie mit diesem Buch zufrieden? Haben Sie weitere Fragen zu diesem Thema? Wir freuen uns auf Ihre Rückmeldung, auf Lob, Kritik und Anregungen, damit wir für Sie immer besser werden können.

GRÄFE UND UNZER Verlag
Leserservice
Postfach 86 03 13
81630 München
E-Mail:
leserservice@graefe-und-unzer.de

Telefon: 00800 / 72 37 33 33*
Telefax: 00800 / 50 12 05 44*
Mo–Do: 8.00–18.00 Uhr
Fr: 8.00–16.00 Uhr
(* gebührenfrei in D, A, CH)

Ihr GRÄFE UND UNZER Verlag
Der erste Ratgeberverlag – seit 1722.

GRÄFE UND UNZER

Ein Unternehmen der
GANSKE VERLAGSGRUPPE